Eric Recke

Geschichte Olympias

Eine olympische Geschichte

Das Buch

In einem fulminanten Ritt wird hier die Geschichte des Sports, insbesondere jedoch der Olympischen Spiele berichtet. Der Autor aus Hamburg, der zu jener Mehrheit gehörte, die 2015 die Bewerbung der Hansestadt für die Spiele 2024 ablehnte, überträgt gleichsam eine Ausstellung, die 2015 in Frankfurt a. M. an die 1. Arbeiterolympiade in ihrer Stadt vor 90 Jahren erinnerte. Sie war nur wenige Tage zu sehen, eine Wiederholung in Hamburg nicht möglich. Darum also dieses Buch.

Der Autor

Eric Recke, geboren 1987 in Schwerin. Nach Schulbesuch in Schwarzenbek in Schleswig-Holstein Studium »Soziale Arbeit« an der Hochschule für Angewandte Wissenschaften Hamburg. 1999-2004 Leistungsschwimmer beim ESV Büchen und 2007-2012 Rettungsschwimmer und -trainer bei der DLRG Geesthacht. Studiert im Master »Soziale Arbeit« und lebt in Hamburg

Inhalt

Ich bin für den Sport als friedenstiftende Völkerverständigung und gemeinsame Kulturbildung. Das ist für mich das Gegenteil der aktuellen Olympischen Spiele des Kommerz- und Konkurrenzgigantismus. Um Sport wieder zu einem für alle aneigenbaren kollektiven Genuss zu machen, trete ich für die Auflösung des IOC und die weltweite Erneuerung des Olympischen Gedankens ein.

Eric Recke

Vorwort

Das vorliegende Buch ist im Zuge der Hamburger Olympiabewerbung für 2024 entstanden und wurde angeregt durch einen Artikel in der *jungen Welt* am 30. Juli 2015. Der Autor Herbert Bauch berichtete in seinem Beitrag »Sportgenossen aller Länder. Gegen den Kapitalismus und gegen die bürgerlichen Turner: Am 24. Juli 1925 begann die Erste Internationale Arbeiterolympiade« über eine Ausstellung über die erste Internationale Arbeiterolympiade 1925 in Frankfurt am Main.

Ursprünglich sollte – zur Kritik an der Hamburger Olympiabewerbung – diese Frankfurter Ausstellung mit einer Erweiterung in der Hansestadt gezeigt werden, um ein friedensbewegtes, konkurrenzablehnendes sportliches Beispiel aus der Geschichte dagegen zu stellen. Da dies leider nicht möglich war, entstand eine eigene Ausstellung.

Bei der Recherche zu den Internationalen Arbeiterolympiaden wurde schnell deutlich, dass es schon lange an der Zeit ist, die modernen Olympischen Spiele endgültig abzuschaffen und durch kulturvollere Sportspiele zu ersetzen. Dem folgend sollte die Geschichte des olympischen Gedankens und des Sports in der Menschheitsgeschichte in allgemeinen Zügen aufgearbeitet und in einer Ausstellung mit Bildillustrationen der Öffentlichkeit zugänglich gemacht werden. Diese Ausstellung wurde auf dem Anti-Olympischen Kongress an der ehemaligen Hochschule für Wirtschaft und Politik (HWP) vom 23. bis zum 25. Oktober 2015 gezeigt und trug ihren Teil zur erfolgreichen Ablehnung der Olympischen Spiele in Hamburg im November bei.

Diese kurzlebige Exposition ist hier dokumentiert und soll Menschen anregen, sich in den Lauf der Dinge einzumischen.

Möglich wurde die Publikation durch Helga Roos, verantwortlich für die Frankfurter Ausstellung, und den AStA der Universität Hamburg. Sie unterstützten mich auf unterschiedliche Weise, wofür ich ihnen ausdrücklich danke.

Eric Recke
Hamburg, im Frühjahr 2016

Du, der nicht kann, trage mich auf den Schultern,
Grafik von Franciso José de Goya y Lucientes,
1799

Einleitung

Sie sang das alte Entsagungslied,
Das Eiapopeia vom Himmel,
Womit man einlullt, wenn es greint,
Das Volk, den großen Lümmel.

Ich kenne die Weise, ich kenne den Text,
Ich kenn auch die Herren Verfasser;
Ich weiß, sie tranken heimlich Wein
Und predigten öffentlich Wasser.

Ein neues Lied, ein besseres Lied,
O Freunde, will ich euch dichten!
Wir wollen hier auf Erden schon
Das Himmelreich errichten.

Wir wollen auf Erden glücklich sein,
Und wollen nicht mehr darben;
Verschlemmen soll nicht der faule Bauch,
Was fleißige Hände erwarben.

Es wächst hienieden Brot genug
Für alle Menschenkinder,
Auch Rosen und Myrten, Schönheit und Lust,
Und Zuckererbsen nicht minder.

Ja, Zuckererbsen für jedermann,
Sobald die Schoten platzen!
Den Himmel überlassen wir
Den Engeln und den Spatzen.

Heinrich Heine,
»Deutschland – Ein Wintermärchen«,
Caput I, 1844

70 Jahre nach der Befreiung vom Faschismus und der Beendigung des Zweiten Weltkrieges und fast 50 Jahre nach der kulturellen Befreiung der 68er Bewegung leben wir weiterhin in einer gespaltenen Gesellschaft: Ein Prozent der Bevölkerung besitzt den Großteil des Reichtums an »Brot, Rosen, Myrten und Zuckererbsen«, und die restlichen 99 Prozent »darben«, auch wenn sehr viele satt sind. Hamburg ist mit über 42.000 Millionären und 18 Milliardären eine der reichsten Städte der Welt. Dennoch lebt in Hamburg-Mitte die Hälfte aller Kinder in Armut, und seit Jahren werden unter dem Dogma der »Schuldenbremse« die Mittel für Bildung, Gesundheit, Kultur, Soziales und die Infrastruktur heruntergekürzt. Und wenn die Olympiabewerbung für 2024 von den Hamburgern mehrheitlich nicht verhindert

worden wäre, hätte man dort noch mehr gekürzt und gestrichen. Mit der Ausrichtung der Olympischen Spiele wäre diese falsche Politik deutlich verschärft worden.

Der olympische Gedanke ist, so lange er existiert, stets umstritten gewesen. Aus unterschiedlichen Gründen. Sport wird vermutlich seit mehr als 5.000 Jahren betrieben. Im alten Ägypten trug man Wettkämpfe im Laufen und Stockfechten aus, im Bogenschießen und Reiten, im Ringen und Rudern. Im antiken Griechenland hielt man es ebenso: Alle vier Jahre – diese Zeit nannte man Olympiade – trug man im Hain von Olympia auf der Halbinsel Peloponnes sportliche Wettkämpfe aus, die man Olympische Spiele nannte. Nachgewiesen sind solche »Spiele« zwischen 776 v.u.Z. bis 393 u.Z., also über tausend Jahre.

Daran erinnerte sich der Franzose Pierre de Coubertin, ein Baron, den nicht zuletzt die Ausgrabungen im griechischen Olympia inspirierten, die Idee des »Citius, altius, fortius« (schneller, höher, stärker) im Sport zu reanimieren. In der kapitalistischen Wirtschaft lebte dieser Gedanke ohnehin und trieb in jeder Hinsicht zu Höchstleistungen. Coubertin initiierte als Generalsekretär des französischen Sportverbandes 1894 ein »Internationales Olympisches Komitee« (IOC), das zwei Jahre später in Athen die ersten Olympischen Spiele der Neuzeit organisierte. Daran nahmen Sportler aus dreizehn Nationen teil, ausschließlich Männer. Coubertin präsidierte das IOC von 1896 bis 1926. Zehn Jahre nach seinem Rücktritt, als in Berlin die Nazis ihre Olympischen Spiele feierten, ließ ihm Hitler eine »Ehrengabe« von 10.000 Reichsmark zukommen. Die Kritik an ihm, dass er sich von den Faschisten protegieren ließ und die Nazi-Spiele unterstütze, prallte an ihm ab. Es sei ihm egal, ob man mit den Spielen für ein politisches System oder für den Tourismus Werbung mache.

Allein eine solche Haltung macht deutlich, warum es keine einheitliche, Klassen- und Staatsgrenzen überspringende internationale Sportbewegung geben konnte. Als Alternative zur bürgerlich-kapitalistischen olympischen Bewegung entstanden die sozialistischen Arbeiter-Olympiaden und die kommunistischen Spartakiaden. Sie wurden durch den Faschismus und den Zweiten Weltkrieg beendet. In der Sowjetunion lebte der Spartakiadegedanke fort. Er übertrug sich auch auf die mit ihr verbündeten Staaten; in der DDR beispielsweise fanden seit 1964 regelmäßig Kinder- und Jugendspartakiaden statt, ein Versuch, Breitensport und Leistungssport miteinander zu verbinden.

Die Olympischen Spiele der Neuzeit finden bis heute statt und haben sich in den letzten Jahrzehnten zur größten Sportveranstaltung weltweit entwickelt, insbesondere vorangetrieben durch das Internationale Olympische Komitee. Dabei sollen die folgenden Seiten zeigen, dass dabei die Gedanken der Freude am Sport, der Völkerverständigung und des kulturellen Austauschs immer mehr zurückgedrängt wurden und einer aktuellen Erneuerung bedürfen.

1. Die Wiederentdeckung Olympias

a. Aufklärung

Der weltweiten Wiederentdeckung Olympias in der Moderne ging eine Reihe von Entwicklungen voraus: Die von den italienischen Stadtrepubliken ausgehende Renaissance antiker Dichtkunst, Philosophie und bildender Kunst läutete die Reformation und das Ende des europäischen Mittelalters ein. Eine neue Epoche der Menschheitsgeschichte nahm mit der Wiederentdeckung griechischer und römischer Sprache und Kultur ihren Anfang: Das Zeitalter der Aufklärung – so auch in der Dichtkunst und der Archäologie.

Nachdem der englische Dichter Abraham Cowley seine an die Olympischen Oden des antiken griechischen Dichters Pindar angelehnten »Pindarique Odes« 1656 veröffentlichte, ist eine der ersten neuzeitlichen Erwähnungen Olympias 1723 durch französische Benediktiner-Mönche festgehalten. Diese versuchten die oberen Kirchenränge auf die wertvollen dort vergrabenen Schätze der Antike aufmerksam zu machen. Gotthold Ephraim

Gotthold Ephraim Lessing, Gemälde von Karl Jäger, 1870

Lessing übersetzte 1759 die Oden Pindars in Antwort auf die Übersetzung des Schweizer Dichters Salomon Gessner, da er dessen Versuche zu stümperhaft fand und nachdem ihn ein Freund auf diese aufmerksam gemacht hatte. Bereits 1762 folgten durch Jean-Jaques Rousseau in seinem Erziehungsroman »Emile« die Olympischen Spiele als Beispiel für sportliche Begeisterung: »Zuweilen sah ich jetzt schon, wie mein Junkerlein vor Aufregung zitterte, sich erhob und aufschrie, wenn einer im Begriff stand, den anderen einzuholen oder gar hinter sich zu lassen; für ihn waren es olympische Spiele.«

Das Interesse an den antiken Spielen gewann rasch Verbreitung in der Bevölkerung, als der Begründer der modernen Archäologie Johann Joachim Winckelmann 1767 in »Geschichte der Kunst des Altertums« über Olympia schrieb: »Ich bin versichert, dass hier die Ausbeute über alle Vorstellung ergiebig sein wird, und dass durch genaue Untersuchung dieses Bodens der Kunst ein großes Licht aufgehen würde.« Weitere Dichter griffen fortan die aus Griechenland überlieferten Geschichten über Olympia auf. Beispielsweise dichtete Friedrich Schiller 1797 in »Die Kraniche des Ibykus« über die aufklärende Macht des Theaters am Beispiel der Ermordung des Ibykos im antiken Olympia im 6. Jahrhundert vor unserer Zeit.

b. Ausgrabungen

Zahlreiche Wissenschaftler folgten dem Fingerzeig Winckelmanns und ließen die ersten Gebäude der viel besungenen Stätte der antiken Olympischen Spiele ausgraben. Anregung erhielten sie besonders durch die antiklerikal-jakobinische Rationalität der französischen Revolution 1789, die Feldzüge Napoleons und den in Europa vielfach beachteten griechischen Befreiungskampf von 1821-29.

Allerdings legte erst vier Jahre nach der im Deutschen Bund gescheiterten national-liberalen Revolution von 1848 Ernst Curtius den Grundstein für die systematisch wissenschaftliche Erschließung Olympias mit einem Vortrag über Olympisches Streben an der Berliner Singakademie. Daraus: »Um Macht und Besitz ist unter allen Völkern der Erde gekämpft worden, so lange die Geschichte ihren blutigen Werdegang hält; aber vor und nach den Hellenen hat es kein Volk gegeben, welchem die freie

Erste (deutsche) Grabungen im antiken Olympia unter Ernst Curtius, 1875

und volle Entfaltung der menschlichen Kräfte des Lebens Ziel war, so dass, wer in diesem Streben vor allem Volke Anerkennung errungen hatte, sich reich belohnt fühlte, so reich, dass ihm die Welt mit ihren Schätzen nichts Höheres zu bieten vermochte.«

Dem hellenischen Streben folgend wurden die größten Grabungen von 1875 bis 1881 durchgeführt. Dabei wurden sie unterstützt durch das blutig geeinte Deutsche Reich, welches die Grabungen als Prestigeprojekt für sich nutzte. Seitdem fanden bis heute mehrere Ausgrabungsphasen statt, welche uns einen stetig tieferen Einblick in die Geschichte des Sports erlauben.

2. Die Geschichte des Sports

Seit der menschlichen Urgesellschaft war die körperliche Übung erst im Sammeln, Jagen und Fischen, dann im schweißtreibenden Ackerbau lebensnotwendig. Die Möglichkeit Kunst und Kultur zu entwickeln und auszuprägen, ergab sich aus der stetig steigenden Produktion an Nahrungsmitteln und gelangte in der ersten heute bekannten Hochkultur, der Donauzivilisation, zur Blüte.

Diese existierte friedlich zwischen 6.000 und 4.000 v. u. Z. in der Region Rumänien-Bulgarien und es ist anzunehmen, dass neben den belegten rituellen rauschartigen Tänzen die Freude an gemeinsamen sportlichen Spielen auf neuem Niveau kultiviert wurde. Mit dem Aufkommen der Sklavenhaltergesellschaften in Ägypten ab 3.000 v.u.Z. sowie in Babylonien und Kreta ab 2.000 v.u.Z. stieg die Bedeutung von Körperübungen für das Waffenhandwerk und den Kampf Mensch gegen Mensch.

Aus dieser Zeit stammen auch die ersten Belege bewusst organisierter Körpererziehung.

Insbesondere in Ägypten ist bemerkenswert, dass das alt-ägyptische Wort für Leibesübungen »sich vergnügen« bedeutet und damit neben

Ägyptische Stockfechter und Ringer

dem kriegerischen Aspekt auf den ästhetischen Genuss sportlicher Betätigung verweist.

Nach der mykenischen Hochkultur zwischen 1.600 und 1.200 v.u.Z. begann im 9. Jahrhundert die Entfaltung der antiken griechischen Stadtstaaten-Gesellschaft. Durch die kleine Anzahl an griechischem Adel und Stadtbürgern im Verhältnis zu den vielen den materiellen Reichtum erarbeitenden Sklaven, wurde die (sportlich gestärkte) Kampffähigkeit der herrschenden Klassen zur notwendigen Voraussetzung, ihre Herrschaft zu behaupten.

Gleichzeitig bekamen sportliche Großereignisse wie schon in Ägypten kulturelle Bedeutung von (religiösen) Huldigungsritualen, in welchen versucht wurde die gesellschaftlichen Herrschafts- und Hierarchieverhältnisse zu reproduzieren und zu festigen. Bei solchen Ereignissen traf sich die Oberschicht, um sich auszutauschen, voneinander zu lernen, ihren Reichtum zur Schau zu stellen, Bündnisse zu schmieden oder gemeinsam neue Vorhaben zu planen. Diese Eigenschaft haben solche Ereignisse vielfach heute noch.

Eines der bekanntesten Beispiele sportlicher Großveranstaltungen waren die antiken Olympischen Spiele.

3. Die antiken Spiele

a. Griechisches Reich

Auch wenn anzunehmen ist, dass große Sportspiele bereits lange vorher praktiziert wurden, sind die ersten Olympischen Spiele aus dem Jahr 776 v.u.Z. belegt, von wo aus sie alle vier Jahre durchgeführt wurden. Sie wurden möglich durch einen Vertrag zwischen den Stadtstaaten Elis, Sparta und Pisa, die für die Zeit der Spiele einen »Ekecheiria« (heiliger Friede) vereinbarten.

Dieser sorgte dafür, dass die Waffen zwischen den griechischen Städten und Völkern schwiegen und alle Olympioniken auf ihrer Reise zu den Spielen sicher waren. Zum ersten Mal in der Geschichte wird darin der friedenstiftende Charakter der Spiele deutlich und wie sie der Verständigung zwischen den Völkern dienten.

Ganz in diesem Sinne war der Eintritt zu den Spielen kostenfrei, wobei bei Androhung der Todesstrafe nur unverheiratete freie Frauen und freie Männer Zutritt hatten und die Reise zu den Spielen teuer war.

Hoplitodromos: Wettlauf der Fußsoldaten, Darstellung auf einer Preisamphore , 323 v.u.Z.

Die Sportler traten nackt an. Übergreifende Idee der körperlichen Übungen war die »Kalokagathia« (das Schöne und das Gute). Es bedeutete das Streben nach der Entfaltung aller Kräfte, der körperlichen und der geistigen. Das Schöne und Gute in Gesundheit, Ernährung, Philosophie, Kunst und Bürgerpflichten zu verwirklichen, sollte eine Einheit in der Vervollkommnung menschlicher Entwicklung bilden.

Die Freude und der ästhetische Genuss des Sports dominierten, Gewinnstreben ließ sich damit nicht vereinbaren.

Friedenszeiten der athenischen Demokratie um das 5. Jahrhundert v.u.Z. beförderten diese Entwicklung und die Herausbildung der Wissenschaften sowie die Verfeinerung von Dichtkunst, Architektur und Bildhauerei, welche das Schöne und Gute versuchten auszudrücken.

Ein Ausdruck der Verbindung von Schönem und Gutem war das absolute Fairness-Gebot der Spiele. Zu Beginn wurden alle Teilnehmer und Wettkampfrichter vereidigt, die Regeln nicht zu brechen, nicht zu bestechen und sich untereinander fair zu verhalten. Wer dagegen verstieß, musste mit Auspeitschung und hohen Strafzahlungen rechnen. Die Namen der Regelbrecher wurden in Stein gehauen.

Die Spiele selbst bestanden aus den Disziplinen Laufen, Ringen, Faustkampf, dem Pankration (eine Kombination aus Ringen und Faustkampf), der Königsdisziplin Pentathlon (Fünfkampf aus Laufen, Speer- und Diskuswurf, Springen und Ringen) und später dem Wagenrennen und Wettreiten. Der Preis für den Sieger war ein Kranz aus Zweigen des Olivenbaums und der Ruhm, der auf seine Familie und seine Stadt überging. Am Ende der Spiele durften alle Sieger an einem üppigen Festessen teilnehmen, was als große Ehre galt.

b. Römisches Reich

Mit dem Zerfall der griechischen Sklavenhalterdemokratie zu Beginn des 2. Jahrhunderts v.u.Z., durch sich zuspitzende soziale Kämpfe zwischen Sklaven, Bürgern und Adel um die Eigentumsverhältnisse, litt auch die Kultur der Olympischen Spiele. Korruption, Unfairness, Berufsathletentum, überspitztes Knabentraining, Rücksichtslosigkeit und Sensationslust der Zuschauer erhielten Einzug und zerstörten die genussvolle Kultur der Spiele. Als die Römer im 2. Jahrhundert v.u.Z. die griechischen Stadtstaaten unterwarfen, erschien ihnen die Nacktheit der Spiele sittenfremd, die

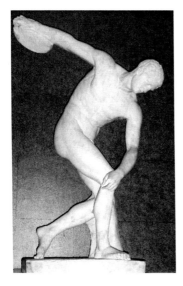

Diskobolos, der Diskuswerfer. Römische Marmorplastik

Lebensfreude der griechischen Kultur nicht nützlich und die sportlichen Übungen nicht kriegsorientiert genug. Dazu war ihnen das Kulturzentrum Elis, wo die Spiele stattfanden, ein aufrührerischer Dorn im Auge bei der Festigung ihrer imperialen Macht, was sie dazu veranlasste, in Konkurrenz größere sportliche Wettkämpfe in Rom austragen zu lassen.

Die Olympischen Spiele verloren ihre friedenstiftende und völkerverständigende Bedeutung und verkamen immer mehr zu einer Kombination aus Warenmesse und Zirkus.

Im 1. Jahrhundert unserer Zeit ließ Kaiser Nero eigens für sich einen Palast neben dem Ort der Spiele errichten. Im Jahr 393 fanden dann die letzten Spiele statt, worüber es Aufzeichnungen gibt.

Mehr als anderthalb Jahrtausende verschwand das hellenische Ideal der geistigen und körperlichen Vervollkommnung des Menschen. Europa versank im finsteren Mittelalter.

4. Die Spiele der Neuzeit

a. Pierre de Coubertin

Als Gründer der modernen Olympischen Spiele gilt der französische Baron Pierre de Coubertin. Er wurde 1863 in Paris geboren und folgte seiner Neigung zu Literatur, Geschichte, Pädagogik, Soziologie und körperlichen Übungen, statt eine militärische oder politische Laufbahn einzuschlagen. Angeregt durch Reformen in der Erziehung machte er sich daran die französischen Gymnasien zu reformieren, um durch moralische Erneuerung die Grundlage für eine friedliche internationale Ordnung und eine neue humanistische Kultur zu schaffen.

Um über seine Vorstellung der Gründung von Arbeiter-Universitäten zu beraten, lud Coubertin 1891 führende französische Politiker – u. a. den Sozialisten Jean Jaurès – in die Pariser Sorbonne ein. Er wollte die Lebensbedingungen der Arbeiter verbessern und problematisierte an der bürgerlichen Ordnung »die Unterwerfung des Individuums, seine Eingliederung in Verfügbarkeit der vier Kräfte, auf die

Pierre de Frédy, Baron de Coubertin (1863-1937), Begründer der Olympischen Spiele der Neuzeit, Aufnahme 1915

sich die besitzende Klasse stützt: Imperialismus, Militarismus, Plutokratismus und Klerikalismus«. Coubertin fällte das vernichtende Urteil: »Die kapitalistische Gesellschaft ruht nur noch auf Heucheleien.«

Anschließend stellte er die Frage: »Ist es überhaupt damit getan, die Privilegien der oberen Schichten abzuschaffen? Müsste man nicht zur Vervollständigung der Reformen jetzt nicht vielmehr der Arbeiterklasse diese Privilegien einräumen?« Hier wird Coubertins für seine Zeit aufgeklärt-egalitäre Grundhaltung deutlich, der im Angesicht von Industrialisierung und Massenverelendung nach Antworten suchte – auch im Bereich der körperlichen Erziehung und des sportlichen Wettstreits.

b. Sport für Frieden und Gleichheit

Um die sportliche Erziehung zu internationalisieren, eröffnete Coubertin 1892 in einem Vortrag auf einem Kongress des französischen Leichtathletikverbandes an der Sorbonne seine Idee die Olympischen Spiele neu ins Leben zu rufen. Er sagte dort: »An dem Tag, an dem es in die Sitten des alten Europa eingedrungen sein wird, wird der Sache des Friedens eine neue und mächtige Stütze erwachsen sein.«

Damit drückte Coubertin im Zusammenhang mit der Neugründung der Olympischen Spiele seine für einen Adelssprössling und Bildungsbürger weitreichende kultur-pazifistische Weltsicht aus. Die Ziele des internationalen Friedens und der Völkerverständigung sollten durch moralisch-sittliches Umdenken der gesamten Gesellschaft erreicht werden.

Coubertin hatte bis zu diesem Zeitpunkt bereits seine Grundsätze sportlicher Erziehung formuliert: »Kult der Schönheit« und »Freude an der Muskeltätigkeit«, wobei er sehr aus der antiken griechischen Kalokagathia schöpfte, sowie Dienst an Familie und Gesellschaft, welche dem Friedensgebot der Ekecheiria ebenfalls sehr nahe kommt.

Insbesondere die Gleichberechtigung aller Teilnehmer an Olympischen Spielen stand für ihn im Vordergrund, womit er die antike Einteilung in Freie und Sklaven aufhob. Nur die Teilnahme von Frauen blieb aufgrund eines weiterhin gesellschaftlich verbreiteten unaufgeklärten Menschenbildes weiterhin verboten. Dabei haben besonders die konservativen Sitten und Moralvorstellungen der bürgerlichen Familie, der Ehe, der Religion und der Kirche

Die Gründer des Internationalen Olympischen Komitees in Athen, 1896

eine Rolle gespielt. Schon zwei Jahre später, 1894, wurde an der Sorbonne das IOC gegründet und Athen als erste Ausrichterstadt des geplanten vierjährigen Durchführungsrythmus beschlossen.

Dabei hatten Coubertin und seine Mitstreiter viel mit chauvinistischen Nationalisten zu kämpfen, die den internationalistischen, die ganze Menschheit einbeziehenden, Charakter der Spiele ablehnten. Er schrieb dazu: »Das fand ich nicht nur ärgerlich, sondern geradezu kränkend. Dieser ständige ›Protest‹ [...] brachte mich zur Verzweiflung. [...] Ich kann gar nicht sagen, wie sehr ich in meiner Jugend unter dieser Haltung gelitten habe, die meiner Generation durch die falsche und kleinliche Auffassung vom Patriotismus auferlegt wurde.«

c. Erste Spiele der Neuzeit

1896 fanden in Athen mit fast 300 Amateur-Teilnehmern aus 13 Nationen die ersten Olympischen Spiele der Neuzeit statt. Gerungen wurde in zehn Sportarten: Leichtathletik, Gewichtheben, Ringen, Fechten, Sportschießen, Radsport, Turnen, Schwimmen, Reiten und Tennis. In fast allen Sportarten gab es bis dahin keine internationalen Verbände, sondern nur nationale, deren weit verbreiteter Chauvinismus besonders stark in dem im Deutschen Reich gegenüber der deutschen Delegation erhobenen Vorwurf der Vaterlandsverräter zum Ausdruck kam.

Die Kosten für den Bau des Stadions sowie die Durchführung wurden hauptsächlich durch Spenden finanziert und die Spiele ein international geachteter Erfolg. Durch die Entwicklung der Fortbewegungs- und Kommunikationstechniken sowie den ökonomischen Fortschritt in vielen Ländern fanden unter stetiger Verbreiterung der Teilnehmerzahl die nächsten Olympischen Spiele statt: 1900 in Paris, 1904 im US-amerikanischen St. Louis – als Teil der Weltausstellungen –, 1906 wieder in Athen, 1908 in London und 1912 in Stockholm.

In London wurde Coubertins Redewendung populär »Der Sieg ist weniger wichtig als die Teilnahme«, und der antike olympische Eid, sich zu ehrenhaftem sportlichen Wettstreit zu verpflichten, wurde wieder eingeführt. Die Spiele 1916, welche das deutsche Kaiserreich bereits für 1912 aus Großmacht- und Prestige-

Das Olympiastadion in Athen, 1896

bestrebungen für sich gefordert hatte, wurden
u. a. auch zum Zeichen der Völkerverständigung nach Berlin vergeben.

Sie wurden jedoch wegen des Ersten Weltkrieges, den das Deutsche Reich ausgelöst hatte,
ausgesetzt. Die militärische Okkupation erschien dem imperialistischen deutschen Kaiserreich effektiver als die kulturelle. Nach der
Oktoberrevolution in Russland 1917 und der
Novemberrevolution in Deutschland, dem
Ende des Krieges, erklärte Coubertin 1919,
»dass die Olympischen Spiele nicht das Vorrecht
irgendeines Landes, irgendeiner Rasse oder
irgendeiner Clique« seien, sondern dass die
Spiele »der ganzen Welt« gehörten.

Weiter sagte er: »Einst war die sportliche
Betätigung der gelegentliche Zeitvertreib der
reichen und untätigen Jugend. Dreißig Jahre
lang habe ich mich bemüht, sie zu einem

gewohnten Vergnügen auch für das Kleinbürgertum werden zu lassen. Nun muss noch das Leben der proletarischen Jugend von der Freude am Sport durchdrungen werden, weil sie das billigste Vergnügen, das dem Prinzip der Gleichheit am besten entsprechende, das wirksamste Mittel gegen den Alkohol und das produktivste an beherrschten und kontrollierten Energien ist. Alle Sportarten für alle!«

d. Internationaler Aufbruch

Der Krieg hatte viele Monarchien überwunden, die feudalen Zöpfe abgeschnitten und die bürgerlich-kapitalistische Demokratie in den Vordergrund treten lassen. Es formierte sich der »Völkerbund«, welcher »den internationalen Frieden und die internationale Sicherheit gewährleisten« wollte.

Am Ende des Krieges bildeten sich – als Reaktion auf die Burgfriedenspolitik der sozialdemokratischen Parteien in allen kriegführenden Ländern – neue Parteien. Es handelte sich um Abspaltungen und Ausgründungen aus den etablierten sozialistischen Parteien. Sie schlossen sich 1919 als III., als Kommunistische

Während des Weltkrieges 1914-1918 organi-
sierten sich außerhalb der etablierten Parteien
aktive Kriegsgegner, es entstand eine Friedens-
bewegung. So trafen sich im niederländischen
Den Haag Ende April 1915 weit über tausend
Frauen aus zwölf Nationen zu einem interna-
tionalen Frauenfriedenskongress

Internationale zusammen. Die Vormundschaft
hatte die von W. I. Lenin geführte russische
Partei, die inzwischen einen eigenen Staat
besaß und versuchte, eine alternative, antikapi-
talistische Gesellschaft zu entwickeln.

Die ersten Olympischen Spiele nach dem
Ersten Weltkrieg fanden 1920 im belgischen
Antwerpen statt. Von diesen sowie von den
ersten Winterspielen 1924 im französischen

Chamonix und an den Sommerspielen 1924 in Paris waren Sportler aus Deutschland, Österreich, Ungarn, Bulgarien und der Türkei ausgeschlossen, Staaten also, die während des Krieges zu den Mittelmächten gehörten, denen in Versailles von den »Siegermächten« der Entente die »Friedensbedingungen« diktiert worden waren. Bekanntlich trugen diese den Keim des nächsten Krieges in sich.

Kurt Tucholsky, der bekannte Berliner Autor und Satiriker der *Weltbühne*, schrieb 1924 zu den Pariser Spielen: »Am teuersten ist die Miete; es gibt viele Budgets, in denen sie ein Drittel der Ausgaben ausmacht. Schuld daran ist zur Zeit neben der Wohnungsnot wohl die Spekulation auf die Zureisenden zu den Olympischen Spielen.«

Es lassen sich also die Anfänge von Wohnungs- und Mietspekulation während Olympischer Spiele erkennen, welche den Anteil an Mietausgaben vom Erwerbslohn insbesondere in den ärmeren Teilen der Bevölkerung erheblich ansteigen ließ und bis heute lässt.

Die ärmeren Teile der Bevölkerung würdigte Coubertin 1922 in seinem Aufsatz »Zwischen zwei Schlachten, vom olympischen Gedanken zur Arbeiteruniversität«: »Ich erwarte viel von der Arbeiterklasse. In ihrem Schoß ruhen wirkungsvolle Kräfte. Sie scheint mir zu großen Taten fähig.«

Im Erwarten der großen Taten der Arbeiterbewegung wählte er für den Auftakt der Olympischen Spiele als Titelmelodie ein besonders ästhetisches Werk der Aufklärung: Schillers »Ode an die Freude« in der Vertonung durch Ludwig van Beethoven aus dem Schlusssatz der 9. Symphonie.

Die von Pierre de Coubertin aus der Antike geschöpften und auf die modernen Olympischen Spielen übertragenen Intentionen – Frieden, Völkerverständigung, körperliche und geistige Vervollkommnung des Menschen – griff die Arbeiterbewegung auf und entwickelte sie weiter.

5. Arbeiter-Olympiaden

a. Sozialistische und Luzerner Internationale

Der sozialistische Gegenentwurf zu den modernen Olympischen Spielen waren die von der »Luzerner Internationalen« veranstalteten Internationalen Arbeiter-Olympiaden. Um ihre Geschichte nachzuvollziehen, muss mit der Geschichte der Arbeiterbewegung begonnen werden, deren Sportverbände fest mit Parteien verbunden waren.

Die Verbreitung der Ideen von Karl Marx und Friedrich Engels und anderen demokratischen Vordenkern im Umfeld der 1848er Revolutionen in Europa führte zur Gründung zahlreicher sozialistischer und sozialdemokratischer Parteien und Arbeiter-Vereine. Viele schlossen sich 1864 in London zur Internationalen Arbeiterassoziation (IAA) zusammen, die in den Geschichtsbüchern auch als I. Internationale geführt wird.

Eine der stärksten »Sektionen« war die deutsche Sozialdemokratie, gegen die das deutsche Kaiserreich Front machte. Otto von Bismarck brachte 1878 das »Gesetz gegen die gemeinge-

Karl Marx und Friedrich Engels gehörten zu den Mitbegründern der I. Internationale 1864; Denkmal der beiden in Berlin, 2006

fährlichen Bestrebungen der Sozialdemokratie«, die sogenannten »Sozialistengesetze«, auf den Weg. Nahezu zeitgleich mit der Aufhebung dieser repressiven Gesetze konstituierte sich die II. Internationale. Diese sozialistische Internationale war nötig geworden, weil sich die I. nach dem Scheitern der Pariser Kommune 1871 aufgelöst hatte.

Und auch sie erledigte sich bei Beginn des Ersten Weltkrieges, weil sich die beteiligten Parteien nicht, wie sie sich gemeinsam geschworen hatten, gemeinsam gegen Nationalismus, Chauvinismus und Krieg ins Feld, sondern unter den nationalen Rock ihrer jeweiligen Kriegspartei gekrochen waren. Sie machten mit ihr gemeinsame Sache: in Deutschland, in Frankreich, in Großbritannien, in Österreich-Ungarn … Sozialdemokraten wollten nicht mehr als »vaterlandslose Gesellen« gelten, sondern als Patrioten. Deshalb schlossen sie ihren Burgfrieden mit den Regierenden.

Das wiederum führte zur Spaltung der Arbeiterbewegung und auch der Parteien. Die konsequenten Kriegsgegner sammelten sich in anderen Bündnissen und gründeten schließlich eigene, nämlich kommunistische Parteien.

Die Antikriegsparteien wurden vom ersten Tag an verfolgt, in Deutschland ihre Führer erschlagen, Rosa Luxemburg, Karl Liebknecht und andere Radikaldemokraten starben durch Mörderhände. Die Mitglieder kommunistischer Parteien wurden geächtet und gejagt, in der Nazizeit brachten sie die meisten Blutopfer, in der Adenauer-Ära wurden die Kommunistische Partei sogar verboten und in den 70er Jahren ihre Anhänger per Radikalenerlass gesellschaftlich geächtet. Nach 1990 richtete sich der juristische und gesellschaftliche Unmut gegen die

DDR und deren Aktivisten. Das ist deutsche Kontinuität.

Auch im Sport gab es vergleichbare Entwicklungen. Der 1893 gegründete »Arbeiter-Turner-Bund« benannte sich nach dem Ersten Weltkrieg 1919 unter Aufnahme des immer populärer werdenden Arbeiterfußballs in »Arbeiter-Turn- und Sportbund« (ATSB) um. Dieser beteiligte sich 1920 an der Gründung der Luzerner Sportinternationalen, die sich ab 1928 »Sozialistische Arbeiter-Sport-Internationale« (SASI) nannte. Gleichzeitig wurden aber alle kommunistischen Funktionäre und Mitglieder aus der SASI ausgeschlossen und so die Spaltung zwischen SPD und KPD vertieft. Dabei stand für die Arbeitersportvereine die körperliche wie geistige Entfaltung der Sporttreibenden zur Stärkung des politischen Kampfes für eine gerechte Gesellschaft, für Frieden und Sozialismus im Mittelpunkt, was doch Anliegen der gesamten fortschrittlichen Arbeiterbewegung war.

Da man den Kapitalismus in toto ablehnte, lehnte man auch den kommerzorientierten Höchstleistungs-Wettkampfgedanken der bürgerlichen Sportvereine ab. Damit knüpften sie ebenso wie Pierre de Coubertin an die Traditionen der griechischen Kalokagathia sowie der Ekecheiria an.

In diesem Geiste sollte – nach dem internationalen Bundesfest des ATSB 1922 in Leipzig mit über 100.000 Teilnehmenden aus elf Nationen – in Frankfurt am Main die 1. Internationale Arbeiter-Olympiade stattfinden.

b. Frankfurt am Main 1925

Nach den Winterspielen der Arbeiter-Olympiade im niederschlesischen Schreiberhau im Riesengebirge (heute Szklarska Poręba) wurden die Bauarbeiten zur Frankfurter Olympiade nur durch die Mitarbeit zahlreicher teilweise erwerbsloser Arbeitersportler rechtzeitig fertiggestellt. Als Unterkünfte waren über 100 Schulen und die Festhalle vorgesehen, die Bevölkerung wurde mit Flugblättern gebeten, Quartiere zur Verfügung zu stellen. Viele Frankfurter hängten nach einem Aufruf des Oberbürgermeisters Flaggen zur Begrüßung an ihre Häuser und taten es zahlreichen Angestellten in öffentlichen Einrichtungen und der Straßenbahn gleich.

Zu Beginn der Spiele am 24. Juli 1925 zogen über 1.000 Teilnehmende aus zwölf Ländern,

Plakat der I. Arbeiter-Olympiade, 1925

die »Internationale« singend, unter den Augen
von 25.000 Zuschauern in das neuerrichtete
Waldstadion ein. Sie trugen statt der National-

flaggen rote Fahnen mit den Namen ihrer Herkunftsländer. Das war Ausdruck der internationalistischen Arbeiterbewegung. Der erste Tag endete mit Musik und sportlichen Übungen in der Festhalle.

Bis zum 28. Juli fanden verschiedene Wettkämpfe statt: in der Leichtathletik, im Turnen, Schwimmen, Rudern, Radsport und Fußball. Es gab auch kuriose »Wettkämpfe«, etwa 100-Meter-Langsamfahren mit dem Fahrrad oder Schachspiel mit Menschen als Figuren. Beim Fußball-Endspiel am 28. Juli gewann die deutsche Mannschaft 2:0 gegen die finnische, und der Sieger im Langsamradfahren brauchte 14,22 Minuten.

Alle Wettkämpfe wurden von einem reichhaltigen Kulturprogramm begleitet, dazu rechneten auch eine »Olympia-Ausstellung« über die Geschichte des Arbeitersports und zur kulturellen Bedeutung des Sports, Arbeiterverbände stellten sich vor, es gab Einladungen in die Frankfurter Museen und Theater.

Am vorletzten Tag, dem Sonntag, dem »Tag der Massen«, zog ein Festzug mit Radfahrern, den Vertretern der verschiedenen Länder und hunderten Musizierenden mit Transparenten »Nie wieder Krieg!«, »Nieder mit dem imperialistischen Krieg!« und »Kämpft für den Achtstundentag!« durch Frankfurt. Dabei sangen die Demonstranten wiederholt die »Internationale«. Abends wurde unter freiem Himmel das Stück »Kampf um die Erde« von Alfred Auerbach aufgeführt, in dem es um »die Kämpfe der freien Menschen von heute um ihr Mitbestimmungsrecht am Völkerschicksal« ging. Zum Abschluss sangen die Schauspieler gemeinsam mit den 35.000 Zuschauern Beethovens »Ode an die Freude«. Und es gab ein großes Feuerwerk.

Insgesamt besuchte fast eine halbe Million Menschen die Arbeiter-Olympiade in Frank-

Festumzug in Frankfurt am Main – eine politische Demonstration der Arbeitersportler

furt, die nächste sollte 1931 – nach der Arbeiter-Wintersport-Olympiade im österreichischen Mürzzuschlag – in Wien stattfinden.

Neutrale Darstellungen bezeichnen die Arbeiter-Olympiade in Frankfurt als »die bemerkenswerteste Selbstdarstellung eines Lebensgefühles nach dem Ersten Weltkrieg«. Und das offizielle Plakat gibt dem auch sichtbar Ausdruck. Zu Füßen eines fahnentragenden Athleten sieht man zerbrochene Waffen und Stahlhelme, also Kriegsschrott, aber auch eine zerfetzte Fahne mit einem Hakenkreuz!

c. Wien 1931

Wieder war eigens für die Arbeiter-Olympiade ein Stadion gebaut worden: Das Praterstadion, damals eins der modernsten der Welt mit dem bis heute größten Freibad Europas daneben.

Da zur engeren Verbindung von Sport und Politik gleichzeitig die Kongresse der Sozialistischen Internationalen, der Jugendinternationalen und der Sozialistischen Frauen in Wien stattfanden, wurde diese Olympiade noch größer als die Frankfurter. Über 25.000 Sportler nahmen daran teil und traten in 117 Diszipli-

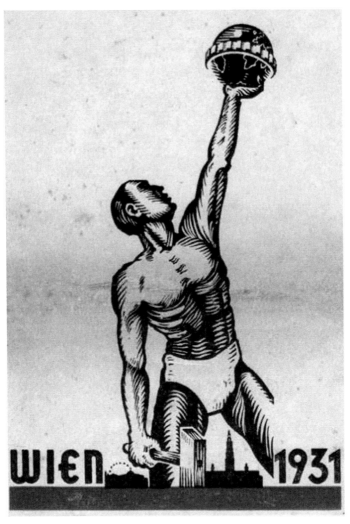

Plakat der 2. Internationalen Arbeiter-Olym-
piade in der Hauptstadt Österreichs, 1931

nen an. Aus Solidarität mit den abwesenden italienischen Sportlern – seit 1922 herrschten in
Rom die Faschisten und verfolgten die dortige

antifaschistische Arbeiterbewegung – senkten die anwesenden Athleten ihre Fahnen. 3.000 Sportler führten sodann ein Massenfestspiel auf. Es erzählte die Geschichte der Arbeiterbewegung bis zum bevorstehenden Zusammenbruch des Kapitalismus, bei dem symbolisch ein in der Mitte des Stadions aufgestellter Kapitalistenkopf in sich zusammenkrachte, worauf die Menge gemeinsam die »Internationale« sang. Zum Abschluss erstrahlten die Oper, das Parlamentsgebäude und das Rathaus im Scheinwerferlicht. Danach zogen 100.000 Teilnehmer unter dem Motto »Für Weltabrüstung und allgemeinen Frieden« fünf Stunden lang durch Wien.

d. Antwerpen 1937

Die 2. Arbeiter-Wintersport-Olympiade fand vom 18. bis 21. Februar 1937 im tschechischen Riesengebirge in Johannisbad (Janské Lázně) statt. Im Sommer kamen Arbeiterspotler zu ihrer 3. Arbeiter-Olympiade nach Antwerpen. Sie stand unter dem Motto »Gegen Krieg und Diktatur, für Arbeit, Freiheit und Demokratie«. Es kamen deutlich weniger Teilnehmer, vor allem fehlten die Athleten aus dem faschistisch beherrschten Deutschen Reich und Österreich. In diesen Ländern waren bereits zahlreiche Mitglieder der Arbeitersportbewegung verhaftet, in Konzentrationslager gebracht und ermordet worden. Die Arbeitersportvereine waren aufgelöst und das Vereinsvermögen des ATSB, darunter über 200 Turnhallen und mehr als 1.000 Sportplätze, beschlagnahmt worden. Auch aus Italien, Lettland, Polen und Ungarn konnten keine Teilnehmer anreisen, wobei nach den antifaschistischen Einheitsfrontbeschlüssen von Sozialdemokratie und Kommunistischer Internationale erstmals Sportler aus der Sowjetunion teilnahmen.

Nicht wenige Sportler verteidigten inzwischen in Spanien die Republik gegen die Franco-Putschisten. Sie waren im Sommer 1936 nach Barcelona gereist, wo – als Demonstration gegen die Olympischen Spiele in Nazideutschland – eine Volksolympiade stattfinden sollte. Sie musste wegen des Putsches abgebrochen werden. Die Sportler bildeten den Kern der Internationalen Brigaden, die sich alsbald mit Antifaschisten aus ganz Europa und aus Übersee formierten.

In Antwerpen trennte man sich 1937 mit der Absicht, 1943 zur 4. Arbeiter-Olympiade zusammenzukommen. Sie wurde abgesagt, in Europa tobte der Krieg.

Die Sozialistische Arbeiter-Sport-Internationale (SASI) hatte sich mit dem Zweiten Weltkrieg faktisch erledigt. Hervorgegangen war sie aus dem 1920 von Deutschland, Großbritannien, Frankreich, Belgien und Österreich gegründeten »Internationalen Arbeiterverbandes für Sport und Körperkultur«, wegen seines Gründungsortes »Luzerner Sportinternationale« (LSI) genannt. Die zur Sozialdemokratie neigende SASI verstand sich als Alternative zur zwischen 1921 und 1937 existierenden »Roten Sportinternationale« (RSI), d. h. der politische Bruderzwist in Deutschland zwischen der SPD und der KPD spiegelte sich auch in der Arbeitersportbewegung wieder. Die SASI verweigerte etwa Sportlern der RSI 1925 und 1931 die Teilnahme an den Arbeiter-Olympiaden und untersagte 1928 den eigenen Sportlern, nach Moskau zur Internationalen Spartakiade zu reisen. Die für 1943 geplante 4. internationale Arbeiter-Olympiade wurde wegen des Zweiten Weltkrieges abgesagt. Nach der Beendigung des Krieges und der Befreiung vom Faschismus 1945 gliederten die Arbeitersportler sich in den »Deutschen Sportbund« ein, um Antifaschismus und sozialistische Praxis als Einheitsbewegung durchzusetzen.

e. Rückblick auf die Arbeitersportbewegung

Mit der rasanten Entwicklung der Eisenbahn, des Schiffsverkehrs, der Telefonie, des Radios, der großen Industrie und der Arbeiterschaft wurden die Bedingungen für eine materiell reiche Weltzivilisation geschaffen. Damit in Einheit knüpften die bahnbrechenden Entwick-

Aufmarsch von Athleten des Berliner Arbeitersportvereins »Fichte«, 1930. Fahnenträger ist Alfred Neumann (1909-2001), in der DDR Minister, Vize-Premier und Politbüromitglied

»Nie wieder Krieg!«, Friedenskundgebung im Berliner Lustgarten, 1922

lungen in den Bereichen aller Wissenschaften, der Künste und der allseitigen Verständigung zwischen den Völkern an die Blüte der griechischen Antike, ihrer Renaissance sowie an die aufgeklärten bürgerlichen und sozialistischen Revolutionen an.

Dennoch war der Bruch der SPD mit dem Kampf für Frieden und Befreiung von Unterdrückung 1914 sowie die daraus folgende Spaltung der Arbeiterbewegung ein schwerer Rückschlag für den zivilisatorischen Fortschritt. Für Schmiergeld, Profit und Anerkennung bei den Herrschenden und den reaktionär-konservativen Kräften wurden die Bevölkerung, die Arbeiterbewegung und das Streben nach Frieden und Solidarität verraten und verkauft. Dieser Bruch trug in der Folge seinen Teil dazu bei, dass es einen Ersten und einen Zweiten Weltkrieg gab, er machte die faschistische Diktatur möglich, weil die Gegenkräfte uneins waren.

Ein erster Versuch einer gesellschaftlichen Alternative wurde durch die Oktoberrevolution in Russland 1917 eröffnet. In diesem Kontext entstand die Kommunistische, die III. Internationale, und auch die »Rote Sportinternationale«.

6. Die Spartakiaden

a. Kommunistische und Rote Sportinternationale

Der kommunistische Gegenentwurf zu den modernen Olympischen Spielen und zu den Arbeiter-Olympiaden waren die von der »Roten Sportinternationalen« (RSI) durchgeführten Spartakiaden mit einer starken Verbindung zur Sowjetunion. Die Oktoberrevolution 1917 hatte eine neue Epoche eingeläutet, die Moderne der realsozialistischen Gesellschaften.

Die Bolschewiki, die Mehrheit in der Sozialdemokratischen Arbeiterpartei Russlands (SDAPR) zog mit der Parole »Frieden und Brot« gegen das reaktionäre zaristische Regime. Als dieses stürzte und eine bürgerliche Militärclique den Krieg weiterführenden wollte, wurde auch dieses im Herbst 1917 hinweggefegt. Nach dem kurzen Versuch der Pariser Kommune, für Freiheit, Gleichheit und Brüderlichkeit zu sorgen, trat nun eine von Revoluionären geführte Partei an, die gesellschaftlichen Verhältnisse menschlich und gerecht, also antikapitalistisch und antimilitaristisch, zu gestalten.

Wladimir Iljitsch Lenin (1870-1924). Er war der theoretische Kopf der russischen Oktoberrevolution und Mitbegründer der Sowjetunion, des gesellschaftlichen Gegenentwurfs zur kapitalistischen Ordnung

Doch das Vorhaben wurde von Anfang an bekämpft. In den ersten Jahren der Existenz von Sowjetrussland fielen ausländische Interventionstruppen ein, die sich mit der Reaktion im Inland verbündeten, was wiederum zu einem blutigen Bürgerkrieg führte. Der sogenannte Weiße Terror provozierte den Roten Terror. Die neue Gesellschaft wurde mit Blut und Gewalt begründet, was sich als gefährlicher Geburtsfehler erweisen sollte.

Ungeachtet der stets notwendigen Verteidigungskämpfe gegen äußere und innere Feinde wurden die Eigentumsverhältnisse bei Grund und Boden und den Produktionsmitteln grundlegend umgestürzt und damit dem Kapitalismus die ökonomische Basis genommen. Im zweiten Schritt erfolgte die Industrialisierung des rückständigen Agrarlandes und die Vergesellschaftung der Landwirtschaft. Das geschah unter gewaltigen Opfern und mit schweren Fehlern, aber der Fortschritt wurde für immer mehr Menschen erlebbar.

1921 wurde in Moskau die RSI gegründet, nach ihrem Ausschluss aus der SASI schlossen sich die deutschen »Rotsportler« und die 1930 gebildete »Kampfgemeinschaft für Rote Sporteinheit« an. Ziel der RSI war die körperliche und geistige Bildung der Arbeitenden für den revolutionären Klassenkampf mittels »proletarischer Körperkultur«. Dies umfasste »die Vervollkommnung der physischen Natur der Mitglieder der werktätigen Gesellschaft, die Verstärkung der Lebensaktivität und die Verlängerung ihrer durchschnittlichen Lebensdauer«.

Nach den ersten nationalen Spartakiaden in der Tschechoslowakei 1921, 1922 und 1925 veranstaltete die RSI als großes Fest der Körperkultur die 1. internationale Spartakiade 1928 in Moskau. Der Name »Spartakiade« ging auf den römischen Sklaven und Gladiator Spar-

takus zurück. Er und viele von römischen Skla-
venhaltern Unterdrückte erhoben sich und
sammelten Tausende um sich, die mehrere
Jahre den Römern zu schaffen machten. In
einer letzten Schlacht wurden 71 v.u.Z. etwa
6.000 Rebellen gefangengenommen und an
der Via Appia ans Kreuz geschlagen.

»Spartakus« gilt bis heute als Symbol des
Widerstands und des selbstbestimmten Han-
delns. Deshalb nannten sich die Rebellen in der
SPD im Ersten Weltkrieg »Spartakusbund«,
von der Reaktion bis heute abfällig als »Spar-
takisten« bezeichnet. Aus dem Spartakusbund
ging zur Jahreswende 1918/19 die Kommunistische Partei Deutschlands hervor.

b. Moskau 1928

Die Rote Sportinternationale hielt 1928 ihre
ersten Spartakiaden ab, im Februar die Win-
terspartakiade in Oslo, im Sommer die in
Moskau. Vorab wurde als deren Aufgabe erklärt: »Die Moskauer Spartakiade soll die
Errungenschaften der Sowjetunion auf dem
Gebiet des Körperkulturwesens der Werktätigen klar in Erscheinung treten lassen, soll das

Plakat für die 1. Spartakiade 1928 in Moskau des Letten Gustavs Klucis (1895-1938), eines bedeutenden Künstlers der konstruktivistischen Avantgarde

revolutionäre Klassengesicht des Sowjetkörperkulturwesens demonstrieren.« 1923 hatte es bereits in Charkow eine Spartakiade der Ukraine gegeben.

Mit dieser Sommer-Spartakiade in Moskau reagierte die Sowjetunion auf die im Oktober 1927 ausgesprochene Kündigung jeglichen Sportverkehrs mit der Sowjetunion. Die antisowjetischen Kräfte hatten sich bei Funktionären und Aktiven in der sozialdemokratischen Sportbewegung durchgesetzt. Den Athleten wurde untersagt, sich an den Wettkämpfen in Moskau zu beteiligen, ihnen wurde bei Zuwiderhandlung mit Vereinsausschluss gedroht. Dies hielt aber nicht alle Sportler ab. Der Ringer Werner Seelenbinder reiste in die Sowjetunion, als einziger deutscher Arbeitersportler gewann er seine Konkurrenz. Nach seiner Rückkehr schloss er sich der KPD an. Er sollte später von den Nazis zum Tode verurteilt und 1944 im Zuchthaus Brandenburg enthauptet werden.

An der als Allunions-Spartakiade bezeichneten Zusammenkunft nahmen Sportler aus 17 Ländern teil. Über 4.000 Teilnehmer, 25.000 zuschauende Sportler und weitere zehntausende Besucher hörten die Grußworte des Zentralkomitees der KPdSU: »An diesem feierlichen Tage dürfen wir die Kriegsgefahr nicht vergessen. Ihr ausländischen Genossen werdet im Falle des Krieges gezwungen werden, für die Interessen der Weltbourgeoisie zu kämpfen. Das soll nicht geschehen. Wir rufen euch dazu auf, unter dem Banner des Kommunismus die Einheitsfront zu schaffen und gegen den Krieg zu kämpfen.«

Danach intonierte ein Orchester die »Internationale« – Pierre Degeyter, der 1888 das Arbeiterlied komponiert hatte, das inzwischen die sowjetische Nationalhyme war, dirigierte

In der Folgezeit reisten wiederholt deutsche Arbeitersportler in die Sowjetunion; hier 1932 eine kleine Abordnung in Samara (zwischen 1935 und 1990 Kuibyschew)

selbst. Damit war die Spartakiade eröffnet. Neben den zahlreichen Wettkämpfen in den bekannten Sportarten fanden sportliche Massenübungen und Demonstrationsvorführungen, Volkssportfeste, Besichtigungen von Sportstätten und Übungsstunden sowie Besuche von Theatern, Museen und Ausstellungen statt. Insbesondere die über 600 ausländischen Sportler interessierten sich für sozialistische Betriebe und gesellschaftliche Einrichtungen, die sie mit großer Neugier besuchten. Die Abschlussfeier fand im Bolschoi-Theater statt, auf der die endgültigen Ergebnisse bekanntgegeben und die Sieger geehrt wurden.

c. Berlin 1931

Die zweite Spartakiade sollte 1931 unmittelbar vor der von der SASI organisieren Wiener Arbeiter-Olympiade in Berlin stattfinden. Reichspräsident Paul von Hindenburg und Reichskanzler Heinrich Brüning sprachen ein Verbot aus. Deshalb fand die Spartakiade als »Internationales Sommerfest des Arbeitersport-Kulturkartells« statt. Angemeldet wurden rund 500 Fußballspiele, 200 Handballspiele und 50

*1931 rief die Rote Sportinternationale zu ihrer
2. Spartakiade nach Berlin, Plakat*

Hockeyspiele, es gab ferner 4.000 Meldungen
für die Schwimmwettkämpfe. Die meisten
Wettkämpfe fanden als Einzelveranstaltungen
und »Sportfeste« im Raum Berlin statt, die
geplanten Zahlen waren unter diesen Umstän-

den nicht zu erreichen. Nach dem Ausklang im Poststadion lud die Sowjetunion die vielen ausländischen Gäste nach Moskau ein, um weitere sportliche Wettkämpfe im Geist der nicht stattgefundenen Spartakiade auszutragen.

d. Kampf gegen den Faschismus, für eine sozialistische Gesellschaft

Neben kleineren Spartakiaden, die 1932 in Chicago und Lyon als Gegenveranstaltung zu den Olympischen Spielen in Los Angeles veranstaltet, und der 2. Winter-Spartakiade, die 1936 in Oslo stattfand, sollte die 2. Sommer-Spartakiade 1933 als »Weltspartakiade« durchgeführt werden. Diese wurde aber wegen der internationalen Lage, insbesondere durch die Machtübertragung an die Faschisten, zunächst auf 1934 verschoben, dann aber abgesagt. Stattdessen schlossen sich – auch ein Indiz für die sich formierende gemeinsame antifaschistische Abwehrfront – sozialdemokratische und kommunistischen Arbeitersportler im Kampf gegen die faschistische Olympiade in Berlin zusammen. Sie nahmen an der 3. Arbeiterolympiade in Antwerpen 1937 teil.

Nach dem von den herrschenden deutschen Eliten getragenen Überfall des faschistischen deutschen Reiches auf die umliegenden Länder 1939 und die Sowjetunion 1941, um den »jüdischen Bolschewismus« und die »Untermenschen im Osten« zu vernichten, formierte sich eine globale Antihitlerkoalition, deren Hauptmächte die Sowjetunion, die USA und Großbritannien waren. Der gemeinsame Sieg über das Nazireich, die Befreiung Europas vom Faschismus, war eine Zäsur in der Menschheitsgeschichte. Nicht zuletzt durch den Sieg der Sowjetunion im »Großen Vaterländischen Krieg« – sie hatte die Hauptlast des Krieges getragen und auch die größten Verluste erlitten – erfuhren die internationale Arbeiterbewegung und auch die nationalen Befreiungsbewegungen in der Dritten Welt großen Aufschwung. Es eröffnete sich die reale Chance, kapitalistische Ausbeutung und Unterdrückung, Militarismus und Nationalismus zu überwinden und perspektivisch die Konkurrenzgesellschaft durch eine klassenlose Gesellschaft zu ersetzen. Selbst die Adenauer-CDU schrieb sich am 3. Februar 1947 den Sozialismus in ihr Ahlener Programm: »Das kapitalistische Wirtschaftssystem ist den staatlichen und sozialen Lebensinteres-

Plakat der »Kampfgemeinschaft für Rote Sporteinheit«, 1933

sen des deutschen Volkes nicht gerecht geworden. Nach dem furchtbaren politischen, wirtschaftlichen und sozialen Zusammenbruch als

Folge einer verbrecherischen Machtpolitik kann nur eine Neuordnung von Grund aus erfolgen.«

Der Antikommunismus und Antisowjetismus zog die Völker im Westen wieder in die Schützengräben, der Kalte Krieg spaltete den Kontinent. Churchill sah einen »Eisernen Vorhang« auf Europa niedergehen und machte ausschließlich den einstigen Verbündeten, die Sowjetunion, dafür verantwortlich. In den USA jagte die Inquisition in Gestalt von Ausschüssen für unamerikanisches Verhalten Unorthodoxe und Unbequeme, in der Bundesrepublik ging die Staatsmacht massiv gegen alle vor, die die Wiederbewaffnung ablehnten. Antifaschistische Vereinigungen, Organisationen und Parteien wurden verboten, ihre Mitglieder verurteilt – oft von Richtern, die sie bereits in der Nazizeit verurteilt hatten. Diese Opfer des Kalten Krieges sind bis heute nicht rehabilitiert.

Auch die internationale Sportbewegung litt in dieser Zeit und ist bis heute nicht frei von politischen Einflüssen. 1980 boykottierte der Westen die Olympischen Sommerspiele in Moskau, weil ein halbes Jahr zuvor sowjetische Truppen in Afghanistan interveniert hatten.

Vier Jahre später blieben die Athleten der Sowjetunion und ihrer Verbündeten den Spielen in Los Angeles fern. Heute schließt man russische Sportverbände vom internationalen Wettkampfsport aus. Als Begründung dienen Doping-Vorwürfe, obwohl jeder weiß, es geht um die Krim, gegen Putin und Russland …

Die sowjetischen Spartakiaden wurden 1956 wiederbelebt. Im Geiste der ersten internationalen Spartakiade fanden bis 1991 sieben Mal Winter- und zehn Mal Sommer-Spartakiade statt. An diesen als Allunions-Meisterschaften ausgetragenen Wettbewerben nahmen Frauen und Männer aus allen Sowjetrepubliken teil.

7. Die faschistische Olympiade

a. Machtübertragung an die Nazis

Die reaktionären Eliten des Deutschen Reiches überstanden die Novemberrevolution, weil diese die ökonomische Basis der kapitalistischen Ordnung nicht antastete. Und sie trachteten danach, die ihnen in Versailles auferlegten Beschränkungen rasch abzustreifen, die Folgen des Krieges zu revidieren und einen neuerlichen Anlauf zur Neuaufteilung der Welt zu unternehmen.

Dabei setzten Großunternehmen, Finanzkonzerne und Großagrarier zunehmend auf rechtsextremistische Kräfte, die sich besonders in der »Nationalsozialistischen Deutschen Arbeiterpartei« (NSDAP) sammelten. Deren antidemokratisches, nationalistisches Programm versprach für sie die besten Aussichten, ihre eigenen Ziele und Absichten rasch realisieren zu können. Deshalb investierten sie in diese faschistische Bewegung, die dem Beispiel Italiens folgte: Dort regierte seit 1922 ein diktatorisches Regime, dass für die nationale Wirtschaft günstige Rahmenbedingungen schuf.

Die Wortführer und Demagogen dieser NSDAP vermochten es geschickt, die Volksmassen zu mobilisieren, sie zu verführen, sie politisch zu instrumentalisieren. Dabei kam ihnen zu Hilfe, dass die organisierte Arbeiterbewegung gespalten und sich uneins war. Die Kommunisten bekämpften die als »Sozialfaschisten« denunzierten Sozialdemokraten, für die Sozialdemokraten waren die Kommunisten »rotlackierte Faschisten«. Der lachende Dritte bei diesem selbstmörderischen Bruderzwist waren die Nazis.

Allerdings schien deren Stern zu sinken. Bei den Reichstagswahlen am 6. November 1932 kamen SPD (20,4 %) und KPD (16,9 %) zusammen auf 221 Sitze, während die Nazipartei 34 Mandate verlor. Sie hatte nur noch 196 Sitze im Reichstag (33,1 %). Damit läuteten für die reaktionären Kreise in Deutschland die Alarmglocken. Sie veranlassten den 85-jährigen Reichspräsidenten von Hindenburg, ein ehemaliger kaiserlicher Generalfeldmarschall, den NSDAP-Häuptling Hitler zum Reichskanzler zu ernennen und den Auftrag zur Regierungsbildung zu erteilen. Hitlers erstem Kabinett gehörten übrigens weniger Mitglieder der NSDAP an als im ersten Kabinett Adenauer.

Auch die Kirchen – hier die Bischöfe von Trier und Speyer mit Josef Goebbels (r.) – erlagen der Nazi-Propaganda und hoben den rechten Arm

Dort natürlich Ex, dazwischen lag bekanntlich der Untergang des Tausendjährigen Reichs.

Am 30. Januar 1933 begann die Aufrichtung der faschistischen Diktatur – mit der Verfolgung und Liquidierung aller politischer Gegner, der Vertreibung und Vernichtung »nichtarischer« Mitbürger, der Ausschaltung aller antifaschistischen Kräfte. Nach der Beseitigung des inneren Widerstandes machte man sich an die Vorbereitung des Krieges.

Die Naziführung vermochte in der Folge mit sozialpolitischen Maßnahmen und Versprechungen die Masse der deutschen Bevölkerung für sich zu gewinnen, ihre Propaganda blieb selbst im Ausland nicht ohne Wirkung.

Ein Element in dieser »positiven Stimmungsmache« bildeten die Olympischen Spiele 1936 in Garmisch-Partenkirchen (Winter) und Berlin (Sommer). Mit ihnen versuchte die Naziführung, das Bild eines weltoffenen, toleranten Deutschland zu zeichnen. Die Vergabe der Spiele war bereits vor 1933 erfolgt, aber das war für die geplante Inszenierung der Nazi-Partei und ihrer Sportfunktionäre ohne Bedeutung.

b. Ziel der Olympischen Spiele 1936

Nachdem die Olympischen Spiele 1928 im schweizerischen St. Moritz und Amsterdam, 1932 in Lake Placid und Los Angeles stattfanden, wurden die Spiele für 1936 nach Garmisch-Partenkirchen und Berlin vergeben.

Hitlers Intentionen, die er mit den Spielen verband, äußerte er bereits 1933: »Deutschland befindet sich außenpolitisch in einer der schwierigsten und ungünstigsten Lagen, es muss versuchen, durch große kulturelle Leistungen die Weltmeinung für sich zu gewinnen. In diesem Zusammenhang ist es günstig, dass 1936 die Olympischen Spiele stattfinden,

Zu den Stützen der Nazi-Diktatur gehörte der Banker Hjalmar Schacht (M.), von 1933 bis 1939 Reichsbankpräsident und von 1934 bis 1937 Reichswirtschaftsminister, in Nürnberg als Hauptkriegsverbrecher angeklagt; Foto 1936

an denen wohl alle Nationen der Erde teilnehmen.«

Die Industrie- und Handelskammer hatte bereits im Jahr zuvor erklärt: »Wir glauben, dass die Spiele zu einer Befruchtung und Anregung des ganzen Wirtschaftslebens Deutschlands beitragen und auf lange Jahre hinaus nicht nur für Berlin, sondern für alle deutschen Städte und Landschaften, die der ausländische Fremdenstrom berühren wird, von nachhaltigem Vorteil sein werden.«

c. Widerstand dagegen

Im Juni 1933, nachdem die ersten repressiven innenpolitischen Maßnahmen des Hitlerregimes auch im Ausland bekannt geworden waren, erklärte die Führung der olympischen Bewegung: »Die innenpolitischen Verhältnisse des Deutschen Reiches kümmern den Internationalen Olympischen Kongress nicht.«

Anders hingegen reagierte der Arbeitersport. Deren Organisationen in SASI und RSI trafen sich auf Einladung der Roten Sportinternationale im März 1935 und vereinbarten den internationalen Boykott der Spiele. Die »Komitees zur Verteidigung der olympischen Idee« in Großbritannien, Frankreich, den Niederlanden, der Tschechoslowakei, der Schweiz und der skandinavischen Länder luden – gemeinsam mit der »Internationalen Liga gegen den Antisemitismus« und dem »Weltjugendkomitee« – 1935 zu einer internationalen antifaschistischen Konferenz. Dort wurden die weiteren Aktivitäten gegen diese Spiele verabredet. Demonstrationen, Kongresse und Flugblätter sollten über den Missbrauch der olympischen Spiele durch das menschenfeindliche Naziregime aufklären. Auf die Winterspiele in Garmisch-Partenkirchen antwortete die internationale antifaschistische Sportbewegung mit einer Spartakiade in Oslo, die man als eine Art Volksfront-Olympiade verstehen konnte. In den Ländern, die Sportler nach Berlin entsenden wollten, wurde politisch darum gestritten, die Spiele zu boykottieren. Das IOC schloss zwei Vertreter aus den USA aus, weil diese öffentlich für das Fernbleiben von den Spielen plädiert hatten. Diese Entscheidung erfolgte auf Betreiben von Henri de Baillet-Latour, der 1925 in der Nachfolge von Pierre de Coubertin IOC-Präsident geworden war. Er sollte bis zu seinem Tode 1942 im Amt bleiben. Fotos zeigen ihn bei der Eröffnung der Winterspiele in Garmisch zwischen Adolf Hitler und Rudolf Heß.

Die Spanische Republik und Mexiko sagten ihre Teilnahme ab, ebenso die Sowjetunion. In den USA setzten sich mit knapper Mehrheit (58:56) die Befürworter durch.

Zahlreiche Veröffentlichungen insbesondere emigrierter deutscher Antifaschisten versuchten der internationalen Öffentlichkeit bewusst zu machen, was der Zweck dieser Berliner Inszenierung ist. Lion Feuchtwanger gab 1936 in Paris eine Sammlung von Zeitungsberichten über Gewalttaten an Juden unter dem Titel »Der Gelbe Fleck. Die Ausrottung von 500.000 deutschen Juden« heraus, darin gab es ein Kapitel »Lüge um Olympia«. Eine Sondernummer der nach Prag emigrierten *Arbeiter Illustrierten Zeitung* (AIZ) erschien als »Führer durch das Land der Olympiade« – mit einer Übersicht der Standorte von Konzentrationslagern, Strafanstalten und anderen Orten der Verfolgung und Unterdrückung, informiert wurde auch über die Rüstungsanstrengungen. 1935 veröffentlichten Autoren und Politiker, darunter Heinrich Mann, Ernst Toller, Lion Feuchtwanger, ehemalige Fraktionsvorsitzende von KPD und SPD und der Schutzverband deutscher Schriftsteller den vielbeachteten Aufruf »Um die Olympiade«. Darin hieß es: »Der Kampf um die Olympiade ist also kein Kampf gegen Deutschland, sondern ein Kampf gegen das Hitler-System.«

1936 veröffentlichte der dänische Polarforscher und Schriftsteller Peter Freuchen in einem Artikel »Warum ich diese Olympiade ablehne?« folgende bemerkenswerte Worte: »Wir kommen ja alle aus Ländern, in denen die Taten Hitlers verurteilt werden und in denen der Drang nach Wissen und Entwick-

Berliner Olympia-Stadion, Aufnahme 2016

lung lebt. Es ist aber eine Tatsache, dass die Olympiade in diesem Jahre zur Verherrlichung des jetzigen Deutschlands dienen soll. Dass dieses Deutschland nicht lange leben wird, muss jeder vernünftige, ehrliche, an den Weltsieg der Wahrheit und Freiheit glaubende Mensch einräumen. In diesem Lande sitzen freiheitsliebende Menschen in den Konzentrationslagern, dort werden Menschen gemordet, die Arbeiter geknechtet. Der Hass gärt im Volke, das Rachegefühl wächst in den Massen.

Ich lehne diese Olympiade ab, weil ich die ursprüngliche Idee der Olympiade liebe.«

Ein Höhepunkt der antifaschistischen Olympia-Bewegung war die 1936 tagende internationale Konferenz des »Internationalen Komitee zur Verteidigung des Olympischen Gedankens«. An ihr nahmen zahlreiche Sportler, Künstler sowie Arbeiter- und Sportverbände aus der ganzen Welt teil. Der Rat für Körperkultur der Sowjetunion sandte eine Stellungnahme, in der die volle Übereinstimmung und Unterstützung der sowjetischen Sportbewegung mit den Zielen der Konferenz betont wurde.

Heinrich Mann sprach dort für die deutsche Opposition: »Ein Regime, das sich stützt auf Zwangsarbeit und Massenversklavung; ein Regime, das den Krieg vorbereitet und nur durch verlogene Propaganda existiert, wie soll ein solches Regime den friedlichen Sport und freiheitlichen Sportler respektieren? Glauben Sie mir, diejenigen der internationalen Sportler, die nach Berlin gehen, werden dort nichts anderes sein als Gladiatoren, Gefangene und Spaßmacher eines Diktators, der sich bereits als Herr dieser Welt fühlt.«

Vor diesem Hintergrund blickte die Weltgemeinschaft sehr genau darauf, was in der Reichshauptstadt im Sommer 1936 geschehen würde.

d. Berlin 1936

Die jahrelange Propagandakampagne erreichten in Berlin ihren zwischenzeitlichen Höhepunkt: Die Spiele wurden zum ersten Mal von einer an 30 Tagen erscheinenden Olympiazeitung begleitet, die Auflage betrug täglich etwa eine halbe Million Exemplare.

Erstmals in der Weltgeschichte gab es Fernsehübertragungen, wenngleich nur versuchsweise, der Rundfunk übertrug rund um die Uhr. Leni Riefenstahl belichtete täglich 15.000 bis 16.000 Meter Filmmaterial, aus denen sie dann den propagandistischen Zweiteiler »Fest der Völker« und »Fest der Schönheit« schnitt. Auf Betreiben des Nazi-Sportfunktionärs Carl Diem, Generalsekretär des Organisationskomitees, fand erstmals der Fackellauf mit dem olympischen Feuer durch ganz Europa statt.

Um ein harmonisches, friedliches Bild zu vermitteln, das durch keinerlei Protest getrübt wurde, überwachte Gestapo alle Bahnhöfe, öffentlichen Plätze und nicht zuletzt alle Olympia-Teilnehmer. Die sportlichen Wettkämpfe waren eigentlich nur Nebensache und Fassade.

Nach den Spielen kommentierte die KPD in der Schrift »Olympiade zu Ende« unter dem

Präsident Henri de Baillet-Latour und weitere IOC-Mitglieder mit Hitler beim Einmarsch zur Eröffnungsfeier in Berlin, 1936

Tarnnamen »Leibesübungen mit Kraft durch Freude«: »Erstmalig in der Geschichte der Olympischen Spiele sah die Jugend der Welt ein solches Doppelspiel von verlogenen Friedensgesängen auf der einen Seite und von Militärparaden auf der anderen. Man muss dem nationalsozialistischen Deutschland hierfür eine weitere Goldmedaille zuerkennen. Die Raffinesse, der Betrug, die Gemeinheit, die Demagogie bedürfen noch einer Preisverleihung.«

Übrigens: Auf dem Gelände des Olympischen Dorfes gegenüber den Schlafplätzen der

Tafel an eben jenem Stadiontor von 1936 mit den Namen der Sieger und der Organisatoren, rechts die Platte für Diem, Aufnahme 2016

Sportler befand sich zeitgleich das Quartier deutscher Offiziere in ziviler Tarnung, die, kurz vorher »formell« aus der Wehrmacht entlassen, als »Reisegesellschaft Union« über Berlins Lehrter Bahnhof nach Hamburg aufbrachen. Dort fuhren sie mit dem Sonderdampfer nach Cádiz, um Waffen, Munition, Bomberflugzeuge und Piloten für die »Legion Condor« zu liefern, welche später an General Francisco Francos Seite Guernica und viele weitere spanische Städte auslöschen sollte.

Die Sportler, die vom Lehrter Bahnhof mit Bussen kamen, in welchen die deutschen Bomberpiloten zum Bahnhof zurückfuhren, bekamen davon nichts mit.

e. Volksolympiade in Barcelona 1936

Zwei Wochen vor den faschistischen Sommerspielen sollte in Barcelona eine Volksolympiade als Gegenveranstaltung stattfinden. 6.000 Sportler aus 22 Ländern kamen. Neben den sportlichen Wettbewerben sollten auch Wettkämpfe im Schach und Veranstaltungen mit Volkstanz, Musik und Theater geben. Am Tag der Eröffnung putschte das Militär, um die gewählte linke Regierung zu beseitigen.

Die Veranstalter entschlossen sich zum Abbruch der Volksolympiade, viele der Sportler schlossen sich den Verteidigern der Republik an. Die ersten Freiwilligen – vornehmlich deutsche Juden – bildeten die »Centuria Thaelmann«, benannt nach dem von den Nazis seit 1933 inhaftierten KPD-Vorsitzenden Ernst Thälmann. Die Angehörigen der Gruppe kämpften seit dem 19. Juli 1936 mit den Milizionären der CNT, POUM und UGT/PSUC gegen das putschende Militär in Barcelona, die sie erfolgreich niederringen konnten. Aus dieser

Gruppe entwickelte sich das »Thälmann-Bataillon« der Internationalen Brigaden.

Etwa 200 Arbeitersportler, die nach Barcelona gekommen warem, schlossen sich den

*Plakat der Volksolympiade in Barcelona 1936,
die wegen des Franco-Putsches ausfallen musste*

Verteidigern der Republik an, die anderen verließen das Land wieder. Die Delegation aus Großbritannien erklärte: »Jedes Mitglied der englischen Delegation ist, trotz der Enttäuschung, dass sie nicht am Sportfest teilnehmen konnten, stolz darauf, in Spanien gewesen zu sein und erlebt zu haben, wie dem Faschismus eine solche Lehre erteilt wurde.«

f. Befreiung vom Faschismus und Restauration

1945 kapitulierte das Hitlerreich bedingungslos. In Nürnberg urteilte ein internationales Militärtribunal (IMT) über die wichtigsten Nazi- und Kriegsverbrecher und deren Unterstützer. Doch die »Entnazifizierung«, die Verfolgung aller Täter, endete in den Westzonen alsbald. Im Kalten Krieg gegen die Sowjetunion brauchte man den einstigen Kriegsgegner.

Das von den Westmächten geschaffene Staatswesen »Bundesrepublik Deutschland«, gegründet als »Bollwerk« gegen die Ausbreitung des Kommunismus, restaurierte die kurzzeitig erschütterten politischen und wirtschaftlichen Machtverhältnisse. Kanzler Adenauer forderte im Bundestag, die »Naziriecherei« zu beenden,

*Das Nazi-Reich hat kapituliert, auf dem
Reichstag weht die rote Fahne der Befreier*

das Parlament machte Gesetze, etwa das »Gesetz
zur Regelung der Rechtsverhältnisse der unter
Artikel 131 des Grundgesetzes fallenden Personen«, im Volksmund 131er Gesetz, mit dem
alle belasteten Staatsdiener, welche man im Rah-
men der Entnazifizierung entlassen hatte, wieder in ihre Ämter zurückkehren durfen.

Der Restaurierung der alten Herrschaftsver-
hältnisse folgte die Wiederbewaffnung und die
Westintegration. 1955 wurde die BRD in die
NATO aufgenommen, ein alter Nazi-General
wie etwa Adolf Heusinger, dessen Auslieferung
die Sowjetunion wegen Kriegsverbrechen auf
ihrem Territorium forderte, stieg auf zum Vor-
sitzenden des Militärausschusses (Military Com-
mittee) der NATO in Washington.

In der Gedenkstätte KZ Neuengamme erfährt man: Ein Mann, der unter den Faschisten als Jude von einem Gestapo-Kommissar aus Hamburg ins KZ deportiert wurde, schlugen nach dem Krieg Altnazis zusammen. Als er Anzeige erstattete, stand er jenem Gestapo-Kommissar gegenüber, der in damals hatte deportieren lassen. Dieser schickte ihn, höhnisch lachend, wieder weg. Kein Einzelfall.

Auch in den westdeutschen Sportorganisationen und -vereinen waren Entnazifierung und Demokratisierung unzureichend, obwohl zahlreiche Arbeitersportler im Deutschen Sportbund (DSB) aktiv waren, die ihren Anteil an der Wiederbelebung des Breitensportes hatten. Carl Diem, der die Nazispiele organisiert hatte, wurde Rektor der Deutschen Sportschule in Köln und Sportreferent im Bundesinnenministerium. Willi Daume, Olympia-Teilnehmer 1936 und seit 1943 Informant für den Sicherheitsdienst des Reichsführers SS (SD), dem er Spitzelberichte lieferte, war von 1950 bis 1970 Präsident des Deutschen Sportbundes sowie von 1961 bis 1992 Präsident des Nationalen Olympischen Komitees für Deutschland (NOK).

8. Olympische Spiele nach 1945

a. 50er Jahre

Aus der weltweiten Antihitlerkoalition gingen faktisch die Vereinten Nationen hervor. Nach dem Krieg konstituierte sich die UNO. Diese hatte bei Gründung erklärt: »Wir, die Völker der Vereinten Nationen – fest entschlosen, künftige Geschlechter vor der Geißel des Krieges zu bewahren, die zweimal zu unseren Lebzeiten unsagbares Leid über die Menschheit gebracht hat, [...] haben beschlossen in unserem Bemühen um die Erreichung dieser Ziele zusammenzuwirken.«

Diese Absicht wurde bereits 1945 durch den militärisch überflüssigen und kriegsverbrecherischen Einsatz der Atombomben auf Japan durch die USA konterkariert. Der Atomschlag galt auch weniger dem Kriegsgegner Japan, sondern der Sowjetunion. Man wollte mit dem »atomaren Knüppel« zeigen, wer die globale Führungsmacht war und den bisherigen Verbündeten in die Schranken weisen. Das Atomwaffenmonopol war, so lange es existierte, ein Druck- und Drohinstrument.

Die USA zeigen der Sowjetunion den »atomaren Knüppel«, am 6. August 1945 klinkt Pilot Tibbets die Bombe über Hiroshima aus

Die USA verfolgte eine klare Nachkriegsstrategie, die sie bis zum Ende des Jahrhunderts durchsetzte. Erfolgreich, wie wir wissen. Diese bestand aus zwei Elementen: erstens, sich dauerhaft in Europa festzusetzen, zweitens, die Russen aus Zentraleuropa zu vertreiben.

Dieser Strategie wurde alles untergeordnet. Versuche, diese zu unterlaufen, hatten keine Chance. Das galt für die Stalin-Noten von 1952 ebenso wie für den Deutschland-Plan der SPD 1958. Moskau hatte dem Westen, um die deutsche Teilung zu überwinden, gesamtdeutsche Wahlen und den Rückzug der Alliierten angeboten, und die SPD dachte über eine deutsch-deutsche Konföderation nach.

Letztlich beeinflussten die Politik, der Kalte Krieg, die Intentionen der beiden Supermächte auch die internationale Sportbewegung.

b. Neubeginn

Die Olympischen Spiele 1948 in St. Moritz und London fanden unter geringer Beteiligung statt. Deutsche Sportler waren ausgeschlossen, die Sowjetunion entsandte keine Athleten. Erst 1952, während des verherrenden Koreakrieges 1950-53, schickte sie Sportler nach Oslo und Helsinki. Allerdings durften diese nicht mit den anderen im Olympischen Dorf wohnen. Ausgeschlossen waren auf Betreiben der USA die Chinesen, weil diese sich solidarisch mit den kämpfenden Koreanern gezeigt hatten.

Die Spiele 1956, im November/Dezember in Melbourne veranstaltet, wurden überschattet von den Konflikten um den Suezkanal in Ägypten und in Ungarn. Spanien, Niederlande und die Schweiz boykottieren die Spiele wegen Ungarn, Ägypten, Libanon und Irak wegen der Suezkrise. Die Volksrepublik China blieb den

Die erste Stele mit den Namen deutscher Olympiasieger nach dem Krieg erinnert an Helsinki (Sommer) und Oslo (Winter) 1952. Anderl Ostler und Friedrich Kuhn holten Gold im Zweierbob, sie und Lorenz Nieberl und Franz Kemser im Viererbob, Ria und Paul Falk siegten im Paarlauf

Spielen fern, weil die Republik Taiwan zugelassen wurde. Die beiden deutschen Staaten waren (wie auch 1960 und 1964) mit einer gemeinsamen Mannschaft vertreten, in zuvor ausgetragenen deutsch-deutschen Wettbewerben hatte man die Teilnehmer ermittelt. Diese Wettkämpfe wie auch die Teilnahme selbst waren gleichsam ein Schlachtfeld der Ideologien. Das galt für die deutschen wie für alle anderen Sportler. Der sportliche Erfolg wurde zum politischen Sieg erklärt, die Trophäe war Ausweis der vermeintlichen Überlegenheit des gesellschaftlichen Systems, aus dem der Athlet kam. Dieses Denken herrschte auf beiden Seiten vor. Und jede Seite setzte darum alles daran, eben diese vermeintliche Überlegenheit auch mit entsprechenden Platzierungen zu beweisen. Dazu war letztlich jedes Mittel recht. Das galt 1960 (Squaw Valley/USA und Rom/Italien) ebenso wie 1964 (Innsbruck/Österreich und Tokio/Japan). Das bis dahin geltende Amateurgebot wurde zunehmend durch Berufssportler verletzt und aufgeweicht. Südafrika wurde wegen seiner rassistischen Apartheitspolitik von den Spielen bis 1988 ausgeschlossen.

Die 60er waren weltweit eine Zeit des rasanten kulturellen Wandels von der Biedermeierzeit hin zu mehr Entspannung und wirtschaftlicher wie kultureller Prosperität. Diese Entwicklungen mündeten in die »68er-Bewegung«.

c. Die 68er

Nach einer wirtschaftlichen Stagnation 1966/67, der stärker verallgemeinerten Hochschulbildung, dem weltweiten Widerstand gegen den

Vietnamkrieg, zunehmend antikolonialen Befreiungsbewegungen, dem Beginn der Kulturrevolution in der VR China und der Militärdiktatur in Griechenland sowie dem »Prager Frühling« wurden 1968 zahlreiche kulturelle Umwälzungen erreicht: Die »Black Panther Party« und die Bürgerrechtsbewegung traten für die Rechte der afroamerikanischen US-Bevölkerung gegen Rassismus ein und die Frauen-, Lesben- und Schwulenbewegung erhielten großen Zulauf. In Frankreich und der BRD fanden neben zahlreichen Streiks die Proteste der Studentenbewegung (»Unter den Talaren – Muff von 1000 Jahren«) und die Gründung der Außerparlamentarischen Opposition (»APO«) statt.

Sie kämpften gegen Altfaschisten in allen öffentlichen Bereichen, insbesondere in den Hochschulen, und setzten sich für die Öffnung derselben sowie für gesellschaftlich verantwortliche Wissenschaften im Sinne des Friedens und der Völkerverständigung ein.

Während dieser weltweiten kulturellen Aufbruchsstimmung wurden die Olympischen Winterspiele 1968 im französischen Grenoble und die im Sommer in Mexiko City begangen. Premiere hatten die ersten Dopingkontrollen,

*Mit dem Gruß der Black Panther protestierten
die US-Sportler Tommie Smith und John Carlos*

zwei afroamerikanische US-Amerikaner zeigten
auf dem Siegertreppchen den »Black-Power«-
Gruß, und zum ersten Mal trat eine eigene
DDR-Mannschaft an.

Wie zugespitzt die Auseinandersetzungen
zwischen friedlichem Aufbruch und dem Auf-
begehren reaktionärer Kräfte waren, zeigt der
kurz vor Beginn der Spiele in Mexiko auf dem
»Platz der drei Kulturen« mit hunderten Toten
gewaltsam beendete, friedliche studentische
Protest.

1972 fanden die Winterspiele im japanischen Sapporo und die im Sommer in München statt. Ein palästinensisches Attentat auf die israelische Olympia-Mannschaft überschattete diese Spiele und rief allen den »6-Tage-Krieg« zwischen Israel und seinen Nachbarstaaten von 1967 in Erinnerung.

Vier Jahre später kamen die Athleten der Welt in Innsbruck und im kanadischen Montreal zusammen. Ursprünglich sollten die Winterspiele in Denver stattfinden. Eine starke Bürgerbewegung dort hatte jedoch ein Referendum erzwungen, bei dem 59,4 Prozent gegen die Spiele stimmten, die daraufhin nach Innsbruck verlegt wurden. Erstmals hatten Bürger die hohen Kosten und die – auch hier zu erwartenden – ungenutzten Sportbauten nach den Spielen zum Thema gemacht.

Dann folgten, wie schon an anderer Stelle erwähnt, die wechselseitig boykottierten Spiele 1980 in Moskau und 1984 in Los Angeles.

Damit war die doch angeblich neutrale, ideologiefreie, Grenzen überwindende internationale Sportbewegung endgültig zum politischen Instrument in der Auseinandersetzung der Systeme geworden.

9. Die neoliberalen Olympiaden

a. Konservative Wende

In den 80er Jahren erfolgte eine Verschärfung der Blockkonfrontation. In den USA, deren Präsident Ronald Reagan geworden war, bekam der Militärisch-Industrielle Komplex noch mehr das Sagen. Der Rüstungswettlauf wurde forciert mit der Absicht, die Sowjetunion und ihre Verbündeten totzurüsten.

Die Spitze der Sowjetunion, zumal führungsgeschwächt – Breshnew verstarb 1982, Andropow 1984, Tschernenko 1985 – ließ sich in diesen hirnrissigen Wettstreit ein und verlor. Die Hochrüstung, das Engagement in Afghanistan, die ungelösten ökonomischen Probleme führten zu einer Staatskrise, die nach Ablauf des Jahrzehnts zum Zusammenbruch des Systems führten.

Auch in der Bundesrepublik erfolgte eine von Kanzler Helmut Kohl angekündigte politisch-moralische Wende. Durch den Seitenwechsel der FDP endete 1982 das sozialliberale Jahrzehnt. Die Konservativen sollten 16 Jahre regieren.

Aufbruch ins neoliberale, konservative Zeital-
ter: G7-Gipfel in Williamsburg/USA, erstmals
mit Helmut Kohl als Bundeskanzler, 1983

Auch in Großbritannien setzte sich mit Margaret Thatcher der Neoliberalismus durch. Überall triumphierte der Kommerz, auch im Sport.

Die Olympischen Sommerspiele 1984 in Los Angeles wurden massiv durch Fernsehübertragung und Sponsoring verwertet. Es waren die ersten voll kommerzialisierten Spiele. Erstmals seit 1964 nahmen wieder chinesische Sportler teil.

1988 fanden die Olympischen Winterspiele im kanadischen Calgary statt, an den Sommerspielen im südkoreanischen Seoul nahmen alle Länder – bis auf Kuba, Nicaragua und einige kleinere Staaten – wieder teil. Auch dort hatte der Kommerz das Sagen.

b. 90er Jahre

Der wirtschaftliche Niedergang der Sowjetunion hatte Auswirkungen auf das ganze östli-
che Bündnis, zudem zeigte sich der 1985 an die
Macht gekommene Michail Gorbatschow
defensiv, was die USA und deren Verbündeten
für sich zu nutzen wussten. Angesichts der massiven innenpolitischen Probleme des Ostblocks
und aufgrund des Drucks von außen lief die
Entwicklung in der DDR völlig aus dem
Ruder. Durch eine unbeabsichtigte Öffnung
der Grenze am 9. November 1989 beschleu-
nigte sich der Auflösungsprozess dramatisch.
Binnen Jahresfrist gab es die DDR nicht mehr.
Am 3. Oktober 1990 trat die DDR dem »Gel-
tungsgebiet des Grundgesetzes« bei. Der Bei-
tritt war ein Anschluss, keine Vereinigung
zweier gleichberechtiger Staaten. Und so gestal-
tete sich denn auch die Umgestaltung Ost-
deutschlands: An die Schaltstellen von Politik,
Wirtschaft, Wissenschaft, Kultur (inklusive
Sport) wurde Westpersonal implantiert. Hun-
derttausende Staatsdiener, Kulturschaffende,
Wissenschaftler, Polizisten, Militärs wurden
entlassen, Institutionen abgewickelt und andere
Einrichtungen geschleift. Soziale und andere

Errungenschaften, die man in ideologischer Verblendung als solche nicht anerkannte, weil man sie in der Bundesrepublik nicht kannte, wurden mit Gesetz und Verordnung abge-

Die Olympiasieger von Salt Lake City 2002: zwei Mal Claudia Pechstein, zwei Mal Kati Wilhelm: zwei ehemalige DDR-Sportlerinnen

schafft. Bis auf den grünen Abbiegepfeil an den Kreuzungen und das Sandmännchen im Fernsehen wurde nichts übernommen.

Auch die Kinder- und Jugendsportschulen, die systematische Talentesuche und Nachwuchsentwicklung hatte sich erledigt, viele Trainer wurden in die Wüste geschickt, und das manchmal im Wortsinne: Sie fanden Arbeit in arabischen Staaten.

Dennoch zehrte der nunmehr deutsche Sport bei den folgenden olympischen Spielen noch vom DDR-Sport. Viele Spitzenathleten durften weitermachen, und die Eisschnellläuferin Claudia Pechstein ist noch immer dabei. Bei der Kinder- und Jugendspartakiade der DDR 1985 wurde sie Erste über 1.500 Meter, 1988 Vize-Juniorenweltmeisterin im Mehrkampf. Mit fünf Olympiasiegen in den Jahren 1994, 1998, 2002 und 2006 sowie vier weiteren olympischen Medaillen ist sie die erfolgreichste deutsche Olympionikin bei Winterspielen. Bei ihren sechsten Olympischen Spielen wurde sie 2014 in Sotschi Vierte über 3.000 Meter und Fünfte über 5.000 Meter.

Die Olympischen Spiele wurden nicht zuletzt aus kommerziellen Erwägungen in den 90er Jahren getrennt. Die Winterspiele fanden fortan nicht mehr im gleichen Jahr wie die Sommerspiele statt, um fortan alle zwei Jahre ein sportliches »Großevent« vermarkten zu können. So folgten auf die Winterspiele 1992 im französischen Albertville bereits die nächsten 1994 in Lillehammer in Norwegen. Danach galt wieder der Vierjahres-Rhythmus.

Die Olympischen Spiele 1992 in Barcelona wurden endgültig von den Gesetzen des Marktes beherrscht. Und die 1996 in Atlanta wurden zutreffend als »Coca-Cola-Spiele« bezeichnet – nicht nur, weil sie in der Stadt an der Coke-Zentrale ausgetragen wurden.

Griechenland trägt schwer an den Schulden, die Mehrheit lehnte bei einem Referendum 2015 das Diktat der Banken ab: oxi!

Die Sommerspiele 2000 fanden in Sydney und die Winterspiele 2002 nach erfolgreicher, aber aufgeklärter Bestechung in Salt Lake City statt.

Die Sommerspiele 2004 in Athen hinterließen ein Milliardengrab, das einen großen Teil der griechischen Schulden ausmacht, welche heute von den Banken der EU zurückgefordert werden. An dieser Last, an Olympia 2004, trägt die griechische Bevökerung schwer.

c. Wende der Wende

Die Sommerspiele 2008 in Peking gelten als die teuersten Spiele der Geschichte. Die Volksrepublik China, erstmals mit der Ausrichtung beauftragt, wollte der Welt zeigen, wozu das Reich der Mitte fähig ist.

Die Winterspiele 2010 wurden im kanadischen Vancouver abgehalten. Dazu hatte man dort ansässige Indianer vertrieben.

Die Londoner Spiele 2012 fanden unter einem massiven Sicherheitsaufgebot statt. Das militärische Engagement der NATO in der arabischen Welt, nicht zuletzt der Krieg gegen Libyen 2011, hatten den globalen Terrorismus entschieden aktiviert. Die Verdrängung von Londonern aus Stadtteilen, Mietpreiserhöhung und Umweltbelastung durch die Bauten nahmen neue Dimensionen an.

Die olympischen Ringe: mal als Schlinge, mal als Handschellen, mal galt es Sotschi/Russland (2014), mal Peking (2008), stets aber war die Denunziation ideologisch motiviert

Die vorerst letzten, inzwischen XXII. Winterspiele, wurden 2014 im russischen Sotschi ausgetragen. Inzwischen war der russische Staatspräsident Putin im Westen als Schurke ausgemacht, Russland stand wie im Kalten Krieg am internationalen Pranger, weil es seine Grenzen verteidigte, was die USA, die NATO und die EU den Russen übelnahmen. Entsprechend distanziert verhielt man sich zu den Spielen, die jedoch mit 2.861 Athleten aus 88 Staaten einen neuen Rekord darstellten. Abweichend von der üblichen Praxis nahmen so gut wie keine westlichen Staatsoberhäupter an der Eröffnungsfeier oder anderen Treffen teil.

In diesem Sommer 2016 sollen die Winterspiele in Rio de Janeiro stattfinden, es folgen 2020 Tokio, wieder einmal.

Die Zukunft der Spiele ist ungewiss nicht nur wegen der gnadenlosen Kommerzialisierung des Leistungssports und die Verwertung der Spiele, wegen des globalen Dopings und des damit verbundenen Raubbaus der Athleten an ihrer Gesundheit. Problematisch sind die immensen finanziellen Lasten für die Veranstalter, die auf den Schulden und auf ungenutzten Sportstätten – das zeigt die Praxis der letzten Jahrzehnte – sitzen bleiben. Nicht zu reden von den begangenen Umweltsünden. Darum bewerben sich immer weniger Städte um solche Spiele.

Entscheidend ist auch die zunehmende Terrorgefahr, die wiederum Folge der instabilen politischen Verhältnisse in vielen Regionen der Welt ist. Diese wiederum geht auf die Kriege zurück, die nicht zuletzt durch militärische Interventionen der USA und der NATO oder deren politische Einmischung verursacht wurden. Irak, Libyen, Syrien, Türkei ... Ständig kommen neue Krisen- und Konfliktgebiete hinzu.

Mit der Weltfinanz- und -wirtschaftskrise 2008 geriet die neoliberale Herrschaft erheblich ins Wanken. Der Konsens der Bevölkerung mit der Austeritäts- und Kriegspolitik bekam Risse. Dies findet – auch gegen reaktionäre Aufwallungen – seinen Ausdruck in sozialen Protestbewegungen in vielen Teilen der Welt, insbesondere in den kapitalistischen Staaten. Wir befinden uns global in der Wende der Wende.

10. Spiele in Hamburg

Hamburg bewarb sich 2002 für die Olympischen Sommerspiele und unterlag London, das die XXX. Spiele der Neuzeit ausrichten durfte. Hamburg präsentierte sich damals als »Wachsende Stadt« und steckte etwa zehn Millionen allein in die Werbung. Maßgeblich dabei der seinerzeitige 2. Bürgermeister und Innensenator Ronald Schill, den die Stadt nur von 2001 bis 2003 ertrug.

Dann unternahm die Hansestadt einen zweiten Anlauf, um die Spiele 2024 ausrichten zu dürfen. Die SPD-geführte Landesregierung holte das Konzept der CDU/ Schill-Partei aus der Versenkung und frisierte es ein wenig. Mitgeschrieben damals hatte auch die Handelskammer. Für die Bewerbung musste zuerst ein verfassungs- und sittenwidriger Vetrag zwischen der Stadt und dem IOC unterzeichnet werden. Darin wurden dem IOC die alleinigen Vermarktungsrechte sowie die Zoll- und Steuerfreiheit vertraglich zugesichert.

Jedoch: Die Hamburger sagten am 29. November 2015 mehrheitlich Nein. Die 12,6 Millionen Euro, die für eine kostspielige Bewerbung eingesetzt worden waren, sind in den Sand gesetzt worden. Mit 51,6 zu 48,4 Prozent lagen die Gegner vorn. Zwar stimmten die Menschen in Kiel mit großer Mehrheit (65,57 Prozent) für Segel-Wettbewerbe auf der Förde, das ändert jedoch nichts an der Entscheidung.

Bürgermeister Olaf Scholz blies zum Rückzug. Bundesfinanzminister Wolfgang Schäuble (CDU) kommentierte: »Ich find's schade. Ich hätte mich gefreut.« Er könne aber nachvollziehen, dass nicht nur in Deutschland der Widerstand in der Bevölkerung gegen sportliche Großereignisse gewachsen sei. Der Aufwand für Olympische Spiele generell werde immer größer. »Nach Berechnungen des rotgrünen Senats sollten die Sommerspiele in Hamburg rund 11,2 Milliarden Euro kosten. Die öffentliche Hand sollte davon etwa 7,4 Milliarden Euro übernehmen – 1,2 Milliarden die Stadt und 6,2 Milliarden der Bund« schrieb die Hamburger *Zeit* am 30. November 2015.

Jetzt stehen für das Sportgroßereignis nur noch Budapest, Paris, Rom und Los Angeles als Kandidaten parat. Die Entscheidung über die Ausrichterstadt fällt das Internationale Olympische Komitee (IOC) 2017 in Perus Hauptstadt Lima.

11. Das IOC

1894 gegründet, sollte nach Coubertin das Internationale Olympische Komitee zur Hälfte aus Sportlern und zur Hälfte aus herausragenden sportinteressierten Persönlichkeiten bestehen. Dabei war er besonders an anerkannten Personen des Adels interessiert, da diese ihm eine geeignete Kombination aus freier Zeit, humanistischer Bildung und zahlreichen Kontakten in Wirtschaft, Politik und Kultur zu haben schienen.

1921 gründete Coubertin das »Executive Board«, welches das alleinige Vorschlagsrecht für neue IOC-Mitglieder, welche auf der jährlich tagenden »IOC-Session« gewählt wurden, sowie weitreichende planende und organisierende Kompetenzen auf sich bis heute vereint.

Dabei sollte diese »Selbstrekrutierung« anfangs der politischen Unabhängigkeit dienen, stellte sich aber zunehmend als cliquenbildendes Hindernis heraus und prägte den Begriff »Altherrenklub mit veralteten Ansichten«.

Von 1925 bis 1942 war Henri de Baillet-Latour Präsident des IOC, er kollaborierte mit den deutschen Faschisten. An der Wiederher-

Mitglieder des IOC gedenken mit »Deutschen Gruß« während der Olympischen Spiele 1936 in der Neuen Wache in Berlin Unter den Linden der Gefallenen des Ersten Weltkrieges

stellung des Rufes des IOC nach der den Nazi-Spielen 1936 sollte von 1946 bis 1952 Sigfrid Edström arbeiten, der die Faschisten aber ebenfalls unterstützt hatte. 1950 dealte er zusammen mit Avery Brundage die Freilassung des faschistischen deutschen Sportführers Karl von Halt gegen eine IOC-Mitgliedschaft der Sowjetunion. Karl von Halt war der letzte Reichssportführer des Deutschen Reiches. Die sowjetische Besatzungsmacht internierte ihn, und er kam frei, als die IOC-Größen Avery

Brundage und IOC-Präsident Sigfrid Edström der Sowjetunion erklärten: »Ohne Freilassung von Halts keine IOC-Mitgliedschaft.«

Als von Halt 1964 starb, hielt Herman Josef Abs – in der Nazizeit im Vorstand der Deutschen Bank verantwortlich für die »Arisierung« jüdischer Unternehmen und Banken – die Grabrede.

Auf Edström folgte 1952 Avery Brundage (bis 1972), der rigoros eine einerseits frauenfeindliche und möglichst antipolitische, aber andererseits antikommerzielle IOC-Politik im Sinne des Amateursports verfocht. Er bezeichnete den Olympismus der 60er Jahre als »die Religion des 20. Jahrhunderts« und die Olympiabauten in Tokio 1964 als »Kathedralen des Sports«.

Von 1972 bis 1980 stand Michael Morris (Baron Killanin) an der Spitze des Internationalen Olympischen Komitees. Dieser verfolgte eine sehr viel demokratischere Grundlinie, wehrte sich gegen den westlichen Antikommunismus und setzte sich dafür ein, dass die Spiele 1980 an die Sowjetunion vergeben wurden. Dabei hatte er mit den ersten weltweiten Boykotten der Spiele zu kämpfen, verteidigte seine Entscheidung aber hartnäckig.

Morris Nachfolger (bis 2001) war der Spanier Antonio Samaranch: autoritär, intolerant, ein ehemaliger Funktionär des faschistischen Franco-Regimes. 1991 bezeichneten Journalisten das »System Samaranch« als »Herrschen über ein weltweit gespanntes Netz von Freundschaften, Beziehungen, Informationen, auch Abhängigkeiten«. Unter seiner Leitung wurden die Olympischen Spiele maßgeblich bis zu ihrem heutigen Ausmaße neoliberal kommerzialisiert, wobei er sich als Lohn jährlich eine Million D-Mark dafür auszahlte. Zudem bemühte er sich darum, dass dem IOC (unter seiner Führung) 1996, zum 100. Geburtstag, der Friedensnobelpreis verliehen wurde. Zu diesem Zweck hatte Samaranch 1991 die britische Werbeagentur Grey Advertising und deren PR-Ableger GCI angeheuert. Die marktbeherrschende Agentur mit 260 Büros in aller Welt erklärte, man wolle für die internationale Vision des IOC und dessen Verpflichtung werben, über die Sportarena hinaus einen positiven Einfluss auszuüben. Zusätzlich wolle man spezielle Kommunikationsprogramme durchführen für ausgewählte IOC-Projekte, die bestimmt seien, ein besseres internationales Verständnis und menschliche Harmonie zu

*Juan Antonio Samaranch, von 1980 bis 2001
IOC-Präsident (M.), hier als Protokollchef des
IOC und Präsident des katalanischen Regional-
parlamentes in Barcelona, Aufnahme 1974*

fördern. Aber es ging nur um den einen Zweck:
den Friednesnobelpreis, was einer der Werbe-
verantwortlichen auch ausplauderte, worauf die
Nummer platzte. 2001, nach 21 Jahren, räum-
te Francos einstiger Sportminister seinen Stuhl
und machte dem Belgier Jacques Rogge Platz,
der bis 2013 amtierte.

Dieser leitete eine neue Phase des Baugigan-
tismus und der Kommerzialisierung ein, 2010
gewann er beispielsweise den Chemiegiganten
Dow Chemical als Sponsor. Das war der Her-
steller von »Agent Orange« und »Napalm«,

womit die USA im Vietnamkrieg die Wälder entlaubte.

Seit 2013 ist der Deutsche Thomas Bach neuer IOC-Präsident. Er ist Mitglied der FDP, hatte 2008 einen Vertrag mit der Firma Siemens, welche durch die Pekinger Spiele 2008 Milliarden verdiente und setzt – entgegen des weltweiten antineoliberalen kulturellen Wandels – den neoliberalen Kurs von Samaranch fort.

Heute sei das IOC, meinen die Insider, ein korrupter Weltkonzern, der die »zweitwertvollste Marke der Welt«, Olympia, vermarktet. Das geschieht gemeinsam mit Konzernen wie Coca Cola und McDonald's, Siemens und wie Visa. Senderechte, Ausstattung und Sponsorenverträge sind Milliardengeschäfte, welche durch Schmier- und Bestechungsgelder gesichert und zwischen dem IOC und den Konzernen aufgeteilt werden. Wettbewerber werden vertraglich verboten, kleinere Betriebe bei Seite gedrängt und die Monopole damit ausgebaut. Dabei beanspruchen die IOC-Funktionäre wie feudale Adlige eigene Autofahrspuren, zwangsdauergrinsende Mitarbeiter und weitere »Dienstleistungen«.

Einziges Ehrenmitglied ist seit 2000 der US-Politiker Henry Kissinger, einer der Verantwortlichen für den Sturz der demokratisch gewählten Allende-Regierung in Chile 1973 sowie die Bombardierung Kambodschas und die Invasion in Osttimor. Der in einigen Staaten als Kriegsverbrecher Verfolgte erhielt 1973 den Friedensnobelpreis.

Nach meiner Überzeugung sollte das IOC, da es unreformierbar scheint, aufgelöst und durch ein »Internationales Komitee zur Erneuerung des Olympischen Gedankens« ersetzt werden. Für dieses Komitee sollten in allen Staaten Mitglieder demokratisch gewählt werden.

12. Ausblick

a. Breitensportkultur statt Olympischer Spiele

Sport als Ausdruck genussvollen Spielens, wie er von der Urgesellschaft bis heute in der menschlichen Kultur tradiert ist, hat im Leistungs- und Spitzensport, deren Tempel die Olympischen Spiele sind, keinerlei Bedeutung. Stattdessen wird der Spielgenuss bei den Olympischen Spielen vollständig in ein Leiden für Ruhm, Ehre, Anerkennung und Preise bis hin zum Berufsleistungssportler pervertiert.

Um (Breiten-)Sport für Kinder und Erwachsene zu einer vergnüglichen Tätigkeit des Ausprobierens der körperlichen wie geistigen Entwicklung und Vervollkommnung zu machen, muss das Konkurrenzprinzip im sportlichen Wettstreit grundsätzlich in Frage gestellt und durch Kooperation und Solidarität ersetzt werden. Dies würde eine Renaissance der antiken Kalokagathia, des Coubertinschen Erziehungsideals, der Kräftigung für den politischen Kampf der Arbeiter-Olympiaden und der sowjetischen Körperkultur der Spartakiaden ermöglichen.

Sport für Frieden und Völkerverständigung, wie er in den antiken Olympischen Spielen angelegt war, wird durch die Instrumentalisierung sportlicher Großereignisse zur Reproduktion gesellschaftlicher Hierarchien in sein Gegenteil verkehrt. Nicht selten spielen dabei Rassismus, Chauvinismus und Nationalismus zur Ablenkung von sozialer Ungleichheit und Kriegen eine zentrale Rolle.

Sportlich-kulturelle Völkerverständigung für eine weltweite friedliche Entwicklung kann dagegen nur gegen Kriegstreiberei und Geschäftemacherei durchgesetzt werden. Dafür müssen auch die Sporttreibenden selbst sich öffentlich in diesem Konflikt positionieren und im Geiste der antiken Ekecheiria, des Coubertinschen moralisch-sittlichen Wandels und des Kampfes für Frieden der Arbeiter-Olympiaden und der Spartakiaden für eine Beendigung aller Kriege eintreten.

Sport für wirtschaftliche und kulturelle Prosperität muss kreativ, anregend und weitend als nicht entfremdete Bezugnahme auf andere Menschen sein, um das gemeinsame Entfaltungspotential der Einzelnen umfassend zu befreien. Die Durchkommerzialisierung der Sportwelt und der Olympischen Spiele stehen dazu im krassen Gegensatz. Deshalb müssen die modernen Olympischen Spiele weltweit abgeschafft und durch eine auf die egalitäre Beteiligung aller Menschen gerichtete Breitensportkultur ersetzt werden. Dafür sind die weltweit Aktiven gegen Olympia zu unterstützen, die öffentlichen Sporteinrichtungen auszubauen und die unentgeltliche Nutzung der Sportstätten durchzusetzen.

b. Für eine solidarische Gesellschaft

Statt Milliarden öffentlicher Gelder für olympische Profite zu verschenken oder sie für den Bau von neuen »Weißen Elefanten« und Autofahrspuren für elitäre Funktionäre zu verschwenden und zu befördern, dass die Bevölkerung mit Eintrittskarten, Wucherpreisen, Ausplünderung der öffentlichen Kassen und Verdrängung abgezockt wird, müssen die öffentlichen Mittel direkt in soziale Entwicklung und eine für alle sinnvolle Infrastruktur investiert werden: für den massiven Ausbau des gemeinwohlorientierten und sozialen Wohnungsbaus, für den Ausbau des öffentlichen Personennahverkehrs, für Bildungs-, Kultur-,

Sozial- und Gesundheitseinrichtungen, für ein schlaglochfreies Straßennetz, für Entmilitarisierung und Abrüstung.

Mit der Abschaffung der Studiengebühren, der Rekommunalisierung der Netze, der Erzieher-Demonstrationen im Mai 2015 mit 15.000 und den »Gegen Rechts«-Demos im September 2015 mit 20.000 Beteiligten kommt der Wunsch nach einem grundsätzlichen kulturellen Wandel zum Ausdruck: Frieden statt Rüstungsexporte, Solidarität (z. B. mit Geflüchteten) statt Rassismus und Verwaltungstechnokratismus, öffentliche Ausgaben statt »Schuldenbremse«, Rekommunalisierung statt Privatisierung. In diesem Sinne stehen statt Olympia z. B. die Rekommunalisierung der Krankenhäuser und Pflegeeinrichtungen, eine Zivilklausel ins Landeshochschulgesetz und für den Hafen in die Hamburger Verfassung sowie die Aufhebung der Austeritätspolitik an.

Das Referendum am 29. November 2015, also für die Ablehnung olympischer Spiele in Hamburg, ist ein Teil dieser bereits begonnenen Bewegung für eine solidarische Gesellschaft. Gehen wir es an, Verbesserungen beginnen.

Das Unrecht geht heute einher mit sicherem
    Schritt.
Die Unterdrücker richten sich ein auf
    zehntausend Jahre.
Die Gewalt versichert: So, wie es ist, bleibt es.
Keine Stimme ertönt außer der Stimme
    der Herrschenden.
Und auf den Märkten sagt die Ausbeutung
    laut:
Jetzt beginne ich erst.
Aber von den Unterdrückten sagen viele jetzt:
Was wir wollen, geht niemals.

Wer noch lebt, sage nicht: niemals!
Das Sichere ist nicht sicher.
So, wie es ist, bleibt es nicht.
Wenn die Herrschenden gesprochen haben,
Werden die Beherrschten sprechen.
Wer wagt zu sagen: niemals?
An wem liegt es, wenn die Unterdrückung
    bleibt? An uns.
An wem liegt es, wenn sie zerbrochen wird?
Ebenfalls an uns.
Wer niedergeschlagen wird, der erhebe sich!
Wer verloren ist, kämpfe!
Wer seine Lage erkannt hat, wie soll der
    aufzuhalten sein?

Denn die Besiegten von heute sind die Sieger von morgen,
Und aus Niemals wird: Heute noch!

Bertolt Brecht, »Lob der Dialektik«,
1934

ISBN 978-3-945187-56-2

© 2016 verlag am park in der edition ost Verlag und Agentur GmbH,
D-10117 Berlin, Friedrichstraße 106 b
Satz und Layout: edition ost
Titel: edition ost unter Verwendung eines Fotos von Robert Allertz der
Olympiaglocke von 1936 unmittelbar neben dem Berliner Olympia-Sta-
dion. Die beiden Hakenkreuze im umlaufenden Spruchband »Olympische
Spiele 1936« und »Ich rufe die Jugend der Welt« wurden nur oberflächlich
kaschiert und sind deutlich zu erkennen.
Illustrationen: Archiv Eric Recke, Robert Allertz S. 42, 79, 83, 92, 100;
Archiv edition ost S. 54, 63

Druck und Bindung: Sowa Druk, Polen

Die Bücher des verlags am park und der edition ost
werden vertrieben von der Eulenspiegel Verlagsgruppe.

12,99 Euro

www.eulenspiegelverlag.com